Ⓢ新潮新書

山川光彦
YAMAKAWA Mitsuhiko

令和の山口組

1022

新潮社

はじめに

世間の皆さんの山口組に対するイメージとはどんなものでしょうか。

極道、ヤクザ、暴力団……呼称はともかく裏社会、犯罪集団の過半を占めるトップ集団といった漠然としたものかもしれません。あるいは、二〇一一年に府中刑務所を出所した司忍《つかさしのぶ》組長の〝マフィアスタイル〟が話題になったことをご記憶の方もいるでしょう。不幸にも二〇一五年に身内の兄弟喧嘩で「離反騒動」を招いた際には、NHKをはじめ全国ネットの昼のワイドショーや週刊誌でも〝分裂の深層〟と戦況の優劣が連日のように報じられました。じつはその少し前に関東の老舗博徒《ばくと》組織でも分裂騒動が持ち上がっていたのですが、こちらはまるで一般市民の関心を呼びませんでした。

世情を震撼させた海外を拠点とする特殊詐欺グループや窃盗団の黒幕に暴力団、ことに山口組がかかわっているのではとメディアの関心を呼んだのも、つい最近のことでした。世間の注目を集める事件や騒動の背後に山口組が隠然と棲息し暴利をえている、というどこか陰謀史観的なイメージも見え隠れします。

一方で、暴力団冬の時代をうかがわせる山口組組員の〝窮状〟もネットニュースや動画配信サービスを中心によく目にします。

なかでも、二〇二三年四月に神戸市内で起きた山口組の二次団体である弘道会系組長の銃殺事件は、「人気ラーメン店の店主が武闘派組長だった」ことで話題を呼びましたが、件《くだん》の組長がシノギ（資金獲得）と月々の「組費」の支払いに窮迫し、生計を立てるためにやむなくラーメン店の厨房に立っていたとの憶測から、ネット民を中心に同情論が広がりました（実際には、人気ラーメン店なら店主の年収が一〇〇〇万円程度はざらにあるそうですから、弘道会直参《じきさん》の月会費二〇万円が過大な負担だったとは思えませんが）。

弘道会では、その傘下組織も独自に顧問弁護士を雇い、刑事、民事それぞれの分野で組織防衛に惜しみなくカネを投じます。守るべき人員や資金が潤沢にあるからでしょう。

近年、関西地方を荒らし回っていた高級車窃盗団が摘発を受けましたが、主犯格は山口組系組織の傘下組長でした。その組織は名門テキヤの系譜を継ぐ名跡《みょうせき》の傘下だったのですが、「暴力団排除（暴排）」で祭礼からテキヤ系組織が排除されたこともあり、組織ごと窃盗団に鞍替えした模様です。映画『男はつらいよ』の「寅さん」は組織に属さない一匹狼のようですが、郷愁を誘う祭礼からテキヤを排除したところで治安がよくなるものでしょうか。正社員と非正規雇用の間で格差が広がる一方の一般社会と同様に、山口組内でも持てる者と持たざる者の格差が途方もなく広がりつつあるようです。

暴力団は不法集団ではあるのですが、二〇一一年に暴排条例が全国で施行され、暴力団と交際する市民も「犯罪者」と同罪、との烙印が押される「市民対暴力団」の構図がすっかり定着した現在、暴力団の存在は表面上は見えにくくなっています。ただ、バブル景気華やかなりし頃、大手デベロッパーや大手不動産企業が手がける土地開発に暴力団が利用されたように、社会や経済に深く根を張って棲息してきたことに変わりはありません。

本書では、ふだんは暴力団に接することがなく（それに越したことはありませんが）、たとえ親族や友人が接することがあっても、過大な恐怖心や嫌悪感を抱く必要がないように、社会人が学ぶべき基礎教養として、現代暴力団の典型ともいえる山口組の等身大の姿を、ふだんニュースでしかふれたことがない初心者にもわかりやすく解説することを心がけました。マンガや映画、ドラマのなかで流通している紋切り型のヤクザ像をも払拭する、〝大人の教養課程〟を目指したつもりです。

もちろん、酒場のネタ話で「山口組の組長は天皇のような権威であって、権力はもたない」とか、「弘道会の組事務所には刺青の入った組員のためのプール施設が完備されている」といった豆知識を披露するレファレンス（参考書）として利用していただくのも歓迎です。

なお、本書ではできるだけ当事者の生の声を紹介したいと考えました。反社会的勢力だから、言い分や考えも排除するといった立場は取っていません。そのため、場合によっては、暴力団や組員に肯定的あるいは好意的なコメントもそのまま掲載しています。

当然のことながら、これらは筆者の考えを反映したものではなく、あくまでも取材対象者らの見解にすぎません。

これら生の声をどのように評価されるかは、賢明なる読者の皆様の判断に委ねたいと考えております。

拙筆ですが、本書が読者のお役に立てれば何よりです。

再三の取材に応じてくれた組関係者並びに当局関係者すべての方々にこの場を借りて御礼を申し上げます。

令和の山口組……目次

はじめに　3

第一章　山口組百年の略史　11
原点は沖仲仕の労働者集団　神戸のドンとなった二代目・登　三代目田岡のもとで日本最大組織に　明治「大刈り込み」以来の「頂上作戦」　竹中四代目の死、一和会との抗争劇　「暴対法」と「バブル景気」の渡辺五代目時代　司六代目への移行

第二章　解剖・巨大組織の人員、資金、活動　30
人員・組織・指揮系統　山口組トップが背負うもの　トップダウンのピラミッド型指揮系統　「ヤクザの二人に一人が山口組」になった理由　「経済案件」から「ケツモチ」までシノギの実態　「縄張り」とフロント企業　「薬物は扱うな」は本当か　山口組の直系カンパニー　組員と組織の収支はどうなっているか　芸能・興行界と山口組　山口組と

政治家の地下水脈　山口組とマスコミの虚々実々　「半グレ」集団との共生　「抗争は百害あって一利しかない」　山口組「社内報」に見る組員の現実　ある「若い衆」の日常　米騒動から震災まで、山口組のボランティア活動　六代目絶頂期を象徴する「組歌」　組織を動かした歴代トップの肉声

第三章　山口組vs.警察当局　国家との「ガチバトル」　122

警察庁長官の〝宣戦布告〟　進学塾と風俗店の「密接交際」報道　「弘道会」はなぜ目の敵にされるのか　弘道会vs.警察の死闘　「暴排」締め付けで困窮化する組員　山口組が国を提訴！　「最大の敵」当局との攻防史　「〝半グレ〟にも学ぶことはある」　国家権力は山口組を壊滅できるか

第四章　六代目山口組vs.神戸山口組　大動乱の深層　155

「弘道会支配」への弾劾状　「六代目」のしたたかな反論　ヤクザにと

っての「盃」の重さ　弘道会「一強」の功罪　抗争の潮目を変えた暗殺劇　再分裂で問われた「造反の大義」　前代未聞の「ヒットマンは親分」　「代紋力」の天地の差　なぜ分裂抗争は終わらないか　造反者たちと髙山若頭、それぞれの真実　〝スジ〟と〝面子〟の終わりなき対立

おわりに　194

巻末資料①　反社辞典　197

②　高倉健と山口組秘史　224

主要参考文献　237

第一章　山口組百年の略史

原点は沖仲仕の労働者集団

山口組の創始者は、その名も山口春吉《はるきち》と言います。

生まれは一八八一（明治一四）年。兵庫県沖の瀬戸内海に浮かぶ淡路島で漁師として生計を立てていましたが、貧しい漁師暮らしに見切りをつけ、職を求めて神戸へ移ります。

春吉が神戸に渡った時は二五歳。日露戦争の直後で神戸港は日本有数の貿易港として活況を呈し、神戸には造船や鉄鋼の工場が次々と設立されます。周辺の農漁村からは春吉のように一攫千金を夢見る人々が神戸に多数、流入していたのです。

その春吉が求めた職が「沖仲仕《おきなかし》」とよばれる船内荷役《にやく》の労働者でした。その荷役労働者を束ねて、春吉は一九一五（大正四）年に兵庫県神戸市で山口組の看板を掲げます。つまり、山口組は労働者の集団としてスタートしたのです。

なぜ労働者がヤクザなの？　と思われるでしょう。その疑問に答えるには、日本のヤクザの発祥まで遡らなくてはなりません。

日本にヤクザが誕生したのは約五百年前とするのが通説となっています。ヤクザの先祖は博徒《ばくと》、博奕打《ばくち》ち、渡世人と呼ばれ、賭場《とば》（博奕場）を開くことで生計を立てていました。当時も博奕は非合法産業でしたから、博奕場で起きたトラブルの解決を公権力に委ねることはできません。ですから、博徒は武力を保持して、博奕場の平穏と安定した経営を維持することに努めます。

そのためには、博徒・テキヤ組織の最大の特徴としてあげられる「一家」という集団を形成することが必須でした。この集団は親分（父親）と複数の子分（息子）の擬似血縁の家族であり、親分の命令は絶対となります。日本の封建社会の家父長制に依拠しており、土建業や炭鉱労働など合法産業においても一家を形成することはままありました。特に、肉体労働者たちは腕力頼みの一匹狼が多く、統制をとるために親分（親方）の存在が必要だったのです。

山口組の創始者、春吉が従事した船内荷役は港湾労働の中でも、劣悪な労働環境を強いられていました。なにしろ狭くて蒸し暑い船倉から石炭や重機を人力で運び出すのですから、腕力自慢の荒くれ者でないと務まりません。そうした猛者《もさ》の群れから、春吉は労働者を束ねる頭領として信用を集め、頭角を現していきます。そして、荷揚げ人足を束ねる「組」として「山口組」を旗揚げします。この「組」は、土木業に端を発する大林組とかの「組」と同じでヤクザ組織を意味しません。

たとえば、時代劇でおなじみの幡随院長兵衛《ばんずいいんちょうべえ》は土木などの人足供給業（口入れ屋）の親方でしたが、狼藉者の旗本奴《やっこ》と対決して「俠客《きょうかく》」と呼ばれました。フィクションですが、池波正太郎『仕掛人・藤枝梅安』に登場するオモテの顔は口入れ屋の親方、ウラの顔は「仕掛人」の元締め、なんていうのも、弱きを助けるという意味では、俠客にあたるでしょう。つまり、彼らは表看板の「組」の正業を掲げつつ、その地域社会の「顔役」として諸事を取り仕切るローカルリーダーでもあったわけです。

山口組の始まりは正業の事業であり、最下層の労働者のなかから立ち上がった集団だったことは特筆に値するでしょう。山口組が「近代ヤクザの典型」といわれるのもそのためです。といっても、いわゆる「法の支配」が及ばない周縁的産業では、ヤクザと正業の垣根が低かったのは事実ですが。

神戸のドンとなった二代目・登

春吉は神戸で、荷揚げ労務者の頭領となり人足供給業者として第一歩をしるしますが、当時の神戸港を牛耳っていたのは、大嶋組の大嶋秀吉という大親分でした。

港湾の支配者は財閥系をはじめとする海運会社（とそれに連なる倉庫業者）だったのですが、「労使協調」などといった甘い言葉が通用しないゴンゾウ（荒くれ者や流れ者の意味）を束ねるには、かれらの扱いに慣れた親分でないと務まりません。ミナトの大企業も末端労働者の管理を親分衆に任せるのです。その親分のトップが神戸港では大嶋秀吉でした。

神戸港で正業を運営するうえで、春吉はどうしても大嶋の弟分となり、その庇護を受けることが必要でした。若松の大親分・吉田磯吉が任侠系衆議院議員のドンとして活躍するような時代ですから、荷役業者「山口組」を守り育てるために地域社会の「顔役」の傘下に入ることがあたりまえだったのです。

そして、組織結成からちょうど一〇年後に実子の山口登に組長の座を譲り、春吉は引退します。登は春吉の実の長男で幼い頃から気性が激しかったといわれます。二三歳で山口組の二代目となり、父親の夢である神戸の顔役へとひた走ります。

春吉の代から山口組は兵庫南市場の荷役を請け負っていたのですが、神戸に野菜や鮮魚などが集まる中央卸売市場の建設計画が持ち上がると、その荷の運搬事業の利権を手中に収めようと登は画策します。そのとき、父親の兄貴分にあたる大嶋組との「親戚」の縁が邪魔になります。大嶋組に正面切って喧嘩を挑み、死者を出す抗争に勝利して、その傘下から山口組を独立。市場の運搬利権を実力でもぎとります（春吉が若くして二代目を登に譲ったのも、来る独立を胸に描いていたからでしょう）。

一方で、登は当時興行界の花形で春吉が首をつっこんでいた浪曲や相撲の興行にも力を入れます。「吉本興業」（現存する芸能プロダクション）から請われて、その用心棒を務めたことに端を発してその興行権を握るなど、多くの人気浪曲師の興行権を次々と手中に収めていくのです。

当時の興行界もまた、地方の興行主にヤクザの親分あがりが多かったことでわかるように、ヤクザとは切っても切れない業界でした。芸人や力士の人気に収益が大きく左右される実演興行も「水もの」で博奕的要素がつよく、地元の親分が用心棒を務めるだけにとどまらず、「手打ち」とよばれる興行の共同出資もよくみられました（現在の映画界でいう「製作委員会」に親分衆が大口出資するようなものでしょう）。

娯楽に飢えた地元庶民のために派手な興行を打つことは、親分の「男をあげる」格好の機会でもありました。登が非凡だったのは、劇場や勧進元の用心棒を糸口にして、芸能の興行権まで手中にしていったことです。西日本一帯に「山口組興行部」の名が知れ渡ることになっていくのです。

ですが、結果的にこの芸能興行が登の命を縮めることになります。浪曲師の映画出演をめぐり、山口県下関市のヤクザ組織と揉め事が起き、登は刺客に日本刀で斬りつけられます。奇跡的に一命を取り留めますが、二年後の一九四二年に四一歳で死亡したと伝えられます。

時は第二次世界大戦に突入し、日本は戦時統制が敷かれた頃で、登の死とともに山口組もいったん空白期を迎えることになります。

三代目田岡のもとで日本最大組織に

山口組が息を吹き返すのは、終戦後の一九四六年に田岡一雄が三代目を襲名してからです。田岡は一九一三年に徳島県の寒村に生まれました。幼くして両親と死別し、見かねた神戸の親戚の家にひきとられます。初等教育を修了後、造船所の工員として働きはじめますが、生来の短気がもとで上司を殴り、職を離れてしまいます。

以降、クスボリと呼ばれる愚連隊のような生活を送る中で、登の実弟（秀雄、「山口組合資会社」社主）と出会い、その血気を買われ、山口組の組員となることを許されます。

当時、細身ながら骨太で、その無鉄砲さから「クマ」と呼ばれた田岡の凶暴性は、山口組の戦闘員としてうってつけの資質だったようです。山口組に立ち塞がる敵を次々と葬り、時には組織に歯向かった力士さえも斬り倒したほどです。

登が重傷を負った時、真っ先に報復に走るはずの田岡は殺人罪で服役中でした。そして、敗戦とともに、戦争で三十数人まで勢力を減らした山口組を立て直すべき頭領として、並みいる叔父貴衆に推されて、そのトップとなったのです。

田岡が手始めに行ったのは、焼け跡に芽生えた闇市で傍若無人な振る舞いをする不良外国人（戦勝国民や「第三国人」＝日本が植民地としていた朝鮮半島や台湾出身の在留人民のこと）を制圧することでした。敗戦に打ちひしがれ、復員してきた命知らずの若者たちは田岡の活動に「義侠」を感じて賛同し、彼を信奉する子分となっていきます。敗戦で無力化した〝民主警察〟も田岡の実力行使を応援したほどです。

一九五〇年に朝鮮戦争が勃発、神戸港は米軍の兵站《へいたん》基地と化し、荷役も激増します。

追い風を受け田岡は、山口組の主要事業である船内荷役業においても、神戸港が占領軍の接収を解除されると、みずから会社を設立。田岡の弟分たちにも企業を設立させ、にわかに神戸港で存在感を増していきます。「反共」を信条とする田岡は、日本共産党系の労働組合を追放。全国の船内荷役業者の業界団体を創設し、自身も神戸支部長に就くのです。

とはいえ、暴力だけでミナトを支配できるわけではありません。それまで組織化されることのなかった末端の日雇い労働者たちを焚き付けて、なんと労働組合を結成させるのです。共産党系労組の排除に恩を感じていた資本側も慌てたでしょうが、たった一日でもストで荷揚げがストップすれば莫大な損失となるので、田岡の意向を無視することはできなくなりました。実際、船内荷役中に事故に遭った労務者や日雇いからあぶれた労務者の「アブレ賃」の補償を求めるなど、田岡は海運会社からいくつもの譲歩を勝ち取ります。みずからも日雇い労働者の住まいを建設し、行政に働きかけて労働者福祉センターまで作らせるなどして、最下層の労働者から絶大な支持を受けることに成功します。『田岡一雄自伝』によれば「労災病院にしても、尼崎にあって神戸にないのはヘンだと、田岡さんが県に陳情し、市を動かし、土地の選定から建設まで縁の下の雑事をやっていた」との側近の証言もあります。田岡のいう「任俠」の役割が、底辺労働の近代化というかたちで社会的にも求められる時代があったのです。

それは芸能興行の世界でも発揮されます。浮草稼業のうえに露骨なピンハネに泣き寝入りを余儀なくされていた芸人たちに気前よくギャラを支払うことで、信頼を得ます。さらに、国民的歌手である美空ひばりの後見人となり、その興行権を握ったことで、京都以西では「田岡なしでは興行ができない」とまで言われる実力者に若くして台頭しました。

これだけならば立志伝中の企業家の成功談となるわけですが、田岡は稼いだ金を戦費として惜しみなく使うのです。「舎弟」と呼ばれる弟分たちには事業に専念させ、ヤクザの荒事から遠ざける一方で（当局に「企業舎弟」などと呼ばれました）、子分たちは競い合うように全国各地に進出し、地元組織と抗争を繰り広げていきます。

神戸の地元組織をなぎ倒し、隣接する商都・大阪の組織も壊滅させ、山口組の領土を拡大。四国、九州、中国、山陰地方と勢力を伸長させ、一九六〇年代初めまでには三六府県下、一万三〇〇〇人（警察資料より）を擁する、日本最大組織へと急成長させるのです。敗戦後の組再興からわずか十余年のことですから、驚異的なことでした。

明治「大刈り込み」以来の「頂上作戦」

一九六四年の東京五輪開催を前に治安強化を打ち出した政府は、過激な抗争を引き起こすヤクザ組織の壊滅へと乗り出します。前年の一九六三年に警察当局が開始したのはあらゆる法令を駆使して、広域化する組織の首領を逮捕、主だったものを解散に追い込むという明治の「大刈り込み」以来の本格的なもので、「頂上作戦」（第一次）と呼ばれました（一九六八年までに捜査員延べ四万三八〇〇人、検挙組員二三八人という捜査史上でも空前の規模でした）。

ところが、田岡ひとりが組の解散に応じません。心臓病を患い長期入院したことで逮捕を免れたこともあるのですが、それ以上に先代から受け継いだ組織は自分ひとりが所有するものではなく、解散させることはできないという信念があったからでした。

解散を求めた警察だけでなく、経済界からも田岡に実業家への転身を薦める声もあったのは事実ですが、持論とする「行きどころのない若い衆の受け皿」として山口組の頭領を続けることを選びます。

面目を潰された警察当局は山口組の解体に躍起になり、「壊滅作戦」を発動させます。

田岡が築いた港と芸能界、土建業における「資金源」を断つ作戦に出るのです。企業を経営する弟分たちは逮捕され、山口組からの離脱を宣誓させられます。

しかし、田岡から受けた恩義を忘れなかった資本家、もしくは田岡の子分たちからの報復を恐れた実業家たちは警察の目を盗み、ひそかに共存関係を維持します。病院から出た田岡は盛んな活動を再開し、「ひとり、警察に屈しなかった」ことでヤクザ業界にとどまらず、堅気《かたぎ》の市民からも〝裏社会のドン〟と目されることになるのですから、皮肉なものです。

こうして田岡は日本一有名なヤクザとなり、普通の主婦でさえ山口組を知っているという現象が起きます。

この頃から、田岡は自分が晩年を迎えたことを悟ったのか、「全国制覇」を標榜していた高度成長期の好戦性を控え始めます。山口組の覇権は遠隔統治といった形もとりながら、すでに東は東京の手前、西は沖縄まで及んでいたのですが、一転して他組織と友好関係を結ぶようになるのです。

ヤクザ同士がいがみ合っていてはいずれ当局に潰される、少なくとも権力に順応的な東の有力組織には「お上」の庇護があり、正面から対立するより、これと手を結ぶほうがコスパがよい、そうした判断もあったかもしれませんが、ともかく業界の「共存共栄」を志向します。

竹中四代目の死、一和会との抗争劇

ところが、一九八一年七月二三日、田岡は志半ばで六八年の生涯を閉じます。心不全でした。このとき、田岡が志向した業界の平和安定を求める山口組は、その内部から瓦解していくことになるのです。

四代目の最有力候補である若頭《わかがしら》（組長に次ぐナンバー2）であった山本健一が半年後に病死したことで、跡目《あとめ》争いが始まってしまいます。一九八四年まで争いは続き、最終的に田岡の未亡人である文子の一声で竹中正久が四代目組長と決まりましたが、この決定に反発した最高幹部が山口組を離脱。組長代行だった山本広を会長とする一和会を結成します。

竹中は一九三三年、兵庫県御国野村《みくにの》（現在の姫路市）の生まれ。父は村議会議員という地域の名士で、一一人家族の七番目の子供でした。生来のゴジャモン（荒くれ）気質が災いしてか、若い頃から愚連隊の一員となり、姫路市内でヤクザを凌駕するほどその世界では名を馳せていました。そこに目を付けた田岡が子分とし、以後、竹中は山口組の多くの抗争に参戦します。

一方の一和会の山本も、同じく田岡の古くからの子分でしたが、どちらかと言えば実業に精を出す穏健派でした。それぞれを推す新旧直参の世代間抗争を背景に、山口組と一和会は静かな対立を開始しました。

一九八五年一月、一和会の組員が竹中と若頭を射殺するに至って、静かな対立は激しい戦闘をともなう抗争へと発展。山一抗争の始まりです。特に組長を殺された山口組の執念はすさまじく、全国各地で一和会系の組織に銃弾を浴びせます。

最終的には一九八九年、一和会の山本会長が山口組に詫びを入れ、一和会を解散することで抗争は終結。山口組は勝利を収めます。およそ四年に及ぶ抗争で死者二五人、負傷者六六人を出す日本における最大規模のヤクザ抗争でした。

「暴対法」と「バブル景気」の渡辺五代目時代

一度にトップとナンバー2を失いながらも相手を壊滅させた山口組は、同年に新たな首領を誕生させます。五代目組長の渡辺芳則です。

渡辺は一九四一年に栃木県壬生町に生まれ、中学卒業後に東京に出てテキヤ系の組織に渡世入りします。二〇歳の時に山本健一の配下の組員に出会い、神戸に移住して山本の子分となります。渡辺も田岡時代の多くの抗争に参戦しました。

山本の死去後に山健組の後継者となり、山口組の最高幹部へと駆け上がります。山一抗争時、渡辺は若頭の地位にあり、抗争を終結に導いたことが評価され、年長の古参幹部の推挙を得て、五代目を襲名したのです。

一方、山一抗争を重く見た政府はヤクザ対策に乗り出します。国会での審議を経て、一九九二年に「暴力団対策法」（以下、暴対法）が施行されます。この法令は世界でも類を見ない内容で、結社の自由を憲法で保障された日本では、ヤクザ組織を結成しただけでは違法性を問えないかわりに、警察当局がヤクザ組織の中から広域指定暴力団を指定し、指定された組織の組員の行動を制限、違反すれば逮捕もできるようにしたのです。

つまり、権力の監視下にヤクザ組織を置き、少なくとも勢力を削ぐという選択をしたことになります。多くの外国人が先進国日本にマフィアが存在することを不思議がるのですが、この法律のために半ば公然とヤクザ組織が存在するとも言えるでしょう。

ところが、この法律は当初の狙いを達成できませんでした。暴対法が施行され、組織存続が危ぶまれた小規模なヤクザ組織が、一斉に巨大ヤクザ組織の傘下に加入したからです。その結果、日本のヤクザ人口の約半数が山口組になるという寡占化が進みます。渡辺はかつてジャーナリストの取材に「組員が多ければ、一人あたりの上納金は少なくて済み、かつ兵隊が多いということになり、他組織も恐れをなして抗争にならない」という趣旨の発言をしています。

その言葉通り、渡辺は組織を拡大させていきます。折からのバブル景気も手伝い、多くの山口組の幹部が経済界と裏で手を結び株式などの金融取引や土地開発（地上げ）にまで参入し、資金面でも組織を肥大化させます。

その好景気から不況へと経済が傾き始めた一九九七年、渡辺の下で若頭となっていた宅見勝が白昼のホテルラウンジで銃殺されるのです。

宅見は渡辺を五代目に推挙した中心人物で、豊富な資金と人脈を背景に山口組の実権を握ります。それを疎ましく思った渡辺は次第に宅見を遠ざけ、側近として重用していた最高幹部の中野太郎に心を許します。果たして、事件直後に中野太郎配下の中野会組員たちの犯行であることが判明。渡辺は苦渋の決断の末に、中野を絶縁処分（永久追放）とし放逐します。

この宅見暗殺事件が大きな禍根を残すことになり、事件後、山口組は八年間にわたって若頭を置かず、組織活動が停滞。その後、末端の組員が起こした警察官誤射殺事件で、民法でいう「使用者責任」が認められた渡辺も長期の休養に入ります。

司六代目への移行

そして、二〇〇五年五月に篠田建市（通称・司忍）氏が若頭に就任。同年七月に渡辺は引退し、司若頭が六代目組長を継承します。

司氏は一九四二年に大分県で生まれ、地元の水産高校を卒業後、水産会社に勤務。トロール船の船員でしたが、大阪でヤクザとなり、その後、名古屋に本拠を置く弘田組に入ります。細身の着流し姿でネオン街で暴れまくり、たちまち頭角を現した彼は若頭となり、さらには組織を引き継ぐことになります。先代の組長が引退したのを機に、弘田組の名を弘道会に改称。地元のドンへと登り詰めます。

もともと弘田組の先代は、四代目となる竹中組長とは関係が良くなかったのですが、一和会との内紛が持ち上がった際に、司氏は弘田組長に対して山口組側につくように説いたとされています。「親のまちがい」を諌めるのも「子の務め」というわけです。この経緯もあり、司氏は竹中と親子の契りを交わして、山口組の直系となりました。山一抗争では大きな戦果をあげたことで知られます。

司氏は直属の子分ではなかったものの田岡を信奉しており、原点回帰を唱え、田岡時代の強い山口組の復活を目指します。

宅見暗殺事件直後に、ボディガード役の配下組員が拳銃を所持していたことで、司氏は銃刀法違反の共犯として逮捕され、六代目襲名時は最高裁への上告中でした。襲名からわずか数ヶ月で有罪が確定し、服役することとなるのですが、トップが服役している間は若頭の髙山清司《きよし》氏が組織運営にあたります。この髙山氏は、弘道会の若頭でもありました。つまり司、髙山両氏は弘道会時代からの親子ということになります。現在の山口組の中核とも言える組織だけに、警察が弘道会を見る目には厳しいものがあります（第三章で詳述）。

髙山氏は司組長の懐刀的存在であり、トップの意思に忠実に従い、渡辺が肥大化させた組織を少数精鋭化させていきます。組織の統制を乱し、警察につけ込まれるような組員はいらないという意思表示であり、内部の守旧勢力のみならず、当局をも刺激するものでした。

二〇一一年四月、司氏は刑期を終えて出所します。そこで待ち受けていたのは、警察当局の新たなる山口組包囲網でした。警察庁が主導し、全国で「暴力団排除条例」（以下、暴排条例）を施行させます。

この条例はヤクザに利益供与する一般人も刑罰の対象とする内容でした。出所後に『産経新聞』のインタビューに応じた司氏は「異様な時代が来た」と話し、ヤクザだけでなくヤクザの近親者や周囲の人間まで同罪と見なす風潮に「一種の身分政策だ」と疑問を呈します。そして、敬愛する田岡と同様に「山口組は絶対に解散しない」と宣言したのです（ウェブ版は二〇一一年一〇月一日配信）。

二〇一五年、山口組は創立百年を迎えました。その少し前の段階で、山口組の構成員は一万一六〇〇人とされています（警察庁発表・二〇一三年末時点）。ただ、山口組の警察への強硬姿勢に変化はなく、この数字は内部情報がつかめない警察の希望的観測にすぎず、構成員と同程度以上いるとされる準構成員を含めると、山口組の勢力はより強大と目されていました。

そしてこの年は、今日まで続く分裂騒動が起きた年でもありました。八月二七日、山口組直系の一三人の組長が、組織からの離脱と「神戸山口組」の結成を発表したのです。

これにより、六代目山口組は、従来の敵対組織や警察当局とは別の「敵」を抱えることになります。現在、神戸山口組側には勢いはなく、六代目側の圧勝という見方はありますが、この分裂騒動はいまだに収束していません（第四章で詳述）。

第二章　解剖・巨大組織の人員、資金、活動

人員・組織・指揮系統

山口組とは組員が何人いて、どんな指揮系統で成り立っているのでしょうか。

六代目山口組の組員は構成員三八〇〇人、準構成員（後述）を含めて八一〇〇人とされています（二〇二二年末現在）。ただし、「山口組本家」の組員となるとわずか五二人。名刺に「六代目山口組」の代紋（組織の紋章）を使用できるのも彼ら一握りのエリートだけなのです。

本家の組員とは、本家親分（司忍組長）と直接、親子、舎弟の盃を交わし擬似的血縁関係で結ばれた司親分の若い衆＝直系組長であり、直参《じきさん》とよばれます。時代劇に出てくる「お目見え」以上の旗本直参と同じポジションです。

この直参＝直系組長がそれぞれ自分の組（二次団体）を持ち、盃を交わした若い衆を率いて活動し、さらに二次団体の上級組員がみずからの組（三次団体）に若い衆を抱え

ている場合もあります。このようにピラミッド式に裾野が広がっていき、幾つも階層をなしているのです。

ですから、本家の二次団体（たとえば弘道会や山健組など）に所属する組員にとっては、親分といえば所属団体で盃を交わした組長であり、その人物に忠誠を誓うことになります。同じように、三次団体であればその団体の親分＝組長となります。

そうなると、三次団体の組員が、所属する組織の親分をとび越えて二次団体の親分（あるいは上級組員）から指図を受けたり、忠誠を誓ったりする義務は原則的にはないことになります。たとえ本家の親分や若頭でも、直参の頭越しに傘下団体の若い衆に対して指示や懲罰を申し渡すことはルール違反となります。

若い衆がヘマをして組織に多大な迷惑をかけたとしても、懲戒解雇の処分権は「本社」ではなく「支店長」にあたるその親分にあるわけです。つまり、末端の現場組員から見れば、司六代目は自分の親分のそのまた上の親分の、さらに上の……いわば「雲の上の人」で、一生に一度お目見えすることさえ難しい存在となります。では、山口組全体の一体感（同族意識）はどう保たれているのでしょう。

旧日本陸軍の組織系統にたとえると、わかりやすいかもしれません。下級兵は所属する部隊の上官に命を預け、命令を拒否する権利はありません。ですが、天皇が統帥する皇軍の一員として、精神的には一兵卒にいたるまで天皇と直接結ばれた関係にあったとされます。前線で命を捧げる運命に立たされても、上官のためではなく、天皇のために犠牲になることを求められる立場でした。

これは、一組員が山口組の代紋のブランドを守るためには時に命までかける(長期の服役も甘んじて受け入れる)行為の裏付けとなる忠誠心に似ているとも言えそうです。ただ、軍隊や会社組織とまったく異なるのは、「上意下達」の指揮系統は同じでも、食い扶持(シノギ)に関しては組織から何の保証もない、言いかえれば自己責任が原則の個人事業主に過ぎないという点です。ですから兄弟分でも相手が何をシノギにしているか知らないのが普通ですし、ある幹部が優良な出資者や後援者をもっているからといって、その当人が引退した際に組織が人脈をひきつぐということはほぼありません。よく耳にする「資金源」という名称は誤解を生みやすく、単に当人や一味のグループが稼ぎのタネにしていただけで、それで組織全体がうるおうわけでもないのです。

「鉄の結束」が求められる組織にあって、その見返りは「代紋」という暖簾を借りて自前で商売ができるということぐらい。同じ屋根の下にいるファミリーとはいうものの、いってみれば「自力救済」が原則で、持てる者と持たざる者の格差は一般社会以上かもしれません。「準構成員」――正式な盃関係を結んでいなくても常習的に組員と交流し、事務所に出入りするなどして組織と一体となって活動していると当局が認めた者――も含めて、「闇バイト」などで手っ取り早くカネを稼ぐことができる昨今の若者には暴力団、なかでも統制の厳しい山口組で世渡りしていくのは大変でしょう。

また、現在の山口組では「本家親分は君臨すれども統治せず」といって、組織運営にはタッチしません。他団体との外交行事や歴代組長の墓参法要、上級直系組長の葬儀などには代表者として顔を出しますが、組織の意思決定には参加しません。組織の精神的支柱という意味では、経営のあれこれに口出ししない「名誉会長」的なポジションです。かわって、組織の意思決定機関として、会社の取締役会にあたる「執行部」があり、重要な人事や運営方針は、そこで合議の上、親分の承認を受けて決定に至ります。

形式的には、親分の若い衆（直参）の長男にあたる「若頭」、舎弟を代表する「舎弟頭」、運営上の諸事に通じ資金繰りにも責任をもつ「本部長」、若頭を補佐して各地方管区の諸般を指導する「若頭補佐」（山口組では全国を北海道・関東、東海、中京・北陸、大阪北、大阪南、兵庫・中四国、九州の七ブロックに分け、七人の「若頭補佐」が充当されています）――ここまでが執行部のメンバーとなります。

また、平《ひら》の直系組長と執行部の間に、中間管理職的なポジションの「幹部」ポストも置かれていて、執行部の補佐役を担っています。一方、執行部をお役御免になった重鎮には「顧問」という名誉職が設けられています。

親分に対して忠誠を誓う子分、という意味では身分に差はない直参にも、「執行部」「顧問」「幹部」「平直参」という格の違いがあり、この世界では序列を指して「座布団」と表現することがあります。執行部でも序列ナンバー2にあたる若頭の地位は高く、親分の意を汲んで執行部の威光を配下の隅々にまで行き渡らせる責任を負っています。

たとえば一連の離反騒動で槍玉に挙げられた「会費」（の値下げ）問題について、執行部の大半が支持したとしても、若頭が「時期尚早」だと判断すれば、親分に裁可を仰ぐまでもなく「否決」です。それこそ「座布団」が違うからです。

とくに、司組長の女房役とも右腕とも呼ばれる高山清司若頭は、六代目政権の発足から間をおかず司組長が服役して不在となったため、絶大な権力を掌握しました。そして、「経済力と組織力（組員）が直参の条件を満たさぬ組織は必要ない」と、「選択と集中」による構造改革を断行。時代遅れの直系組織にリストラの大ナタをふるいます。

たしかに、神戸（山口組）に走った造反組の元執行部メンバーがやる気をなくしたのも、人情としてはわかります。この辺りについては後に述べますが、司組長に代わって「憎まれ役」を買って出る「蛮勇」を評価する声がある一方、冷や飯を食わされる立場になった反主流派勢力には「独裁政治」と映ったようです。

それが、他の広域組織にあって山口組が所有してこなかった「山口組会館」の用地取得の資金として傘下に課された「会費」徴収の厳しさとともに、反主流派の恨みを買う要因ともなっていきます。

山口組トップが背負うもの

現在の山口組のトップは「君臨すれども統治せず」と説明しました。

表向きは、取締役会にあたる執行部の面々による「集団指導体制」が敷かれています。トップに逐一指示されなくても、その意を体《たい》して組織の方針や人事を決定する機関が執行部であり、そのなかでも子分の「長男」にあたる「若頭」の権限は絶大で、企業なら、最高経営責任者（CEO）にあたる役回りです。

かつての山口組では、親分と子分の関係は血縁以上に濃密なものでした。山口春吉初代は荷揚げ人足の群れからその頭領に押し上げられて彼らの「砦」として組を結成しましたし、草創期に若頭を務めたのは、米騒動でアジ演説をぶった記録も残る臨時工あがりの組員でした。情に厚い親分だった二代目・登の自宅には、食うに困った下層民や近隣住民のために大釜で白飯が炊かれていたそうで、年の瀬の台所は火の車でしたので、姐《あね》さんが質通いで急場を凌いでいたとのことです（急ぎのカネをつくるために警察署長に「盆＝賭場」の立てられそうな場所を談判しに行ったという豪胆な逸話も）。

米櫃《こめびつ》が底をついても子分からは一銭もとらない、というプライドには「俠客」としての美学がうかがえます。三代目の田岡一雄も「食い詰めた若者を差別なく受け入れ、自力で食べられるように育てる」ことに「俠客」の社会的役割を見出します。一方で、「親分付き」「部屋住み」の若い衆を食べさせるのは姐さんの役目でしたから、田岡が持病に倒れて入退院を繰り返すようになって以降は、直参らの母親役を任じた文子夫人の発言権が相対的に高まります。

四代目、五代目になると、政治力と経済力に秀でた若頭や本部長、それを補佐するメンバーが組ごとの差配をするようになっていきます。

だとしたら、組長は日頃、何をしているのでしょう。

月に一度、神戸市内の「本家」である総本部に全国から直系組長が参集して開かれる「定例会」で、組長が一同の前に姿を現すのは会の冒頭だけです。

もとよりトップが訓話を垂れることも、その場で何かを協議することもなく、子分たちを前に親分が「お目見え」することに意義があるとされます。

天下の山口組の「プラチナ」（直参にだけ着用が許される菱形の代紋バッジがプラチナ製であることから、直参のこと。ちなみに執行部は鎖が付いているので、「鎖付き」とも呼ばれます）でいられる〝栄光〟を親分に感謝する場というわけで、組織の結束が目的です。

また、執行部が決めた人事や方針は組長の承諾を得る必要があります。ちょうど、国会で議決した人事を天皇が認証するのに似ています。天皇もそうですが、組長は象徴的な権威であり、身内にあっては「元気で居てくれるだけでありがたい」、組を束ねるための精神的な指導者といってもいいでしょう。

組織の代表者ですから、対外的には、外交儀礼の場で雲の上の組長が「降りてきて」客人の挨拶を受ければ、最上級のもてなしとなります。

とくに司氏は些事にこだわらない鷹揚な人士とされ、かつて敵対していた組織の代表者をも敬服させることが一再ならずあったといいます。ある幹部はこう述懐したものです。「山口組と確執を抱えている相手も、交渉の根回しの最後に親父に会わせればみんな好きになる。それまでのモヤモヤした感情など、吹き飛んでしまう」

組の功労者への「称揚」が暴対法で禁じられる以前なら、出所した功労者の慰労の席に顔を出して労に報いることも、組員の士気を高める役目でした。いまでも、長老格の功労者の葬儀にトップが足を運び、内々の団結を促す機会はたまにあります。

ただ、後述する「離反騒動」後は「神戸山口組」を中心に、反目する勢力の頭目が揃って「六代目や高山若頭が先にあの世に行けば（彼らの望む山口組の政権交代が果たされ）抗争は終わる」と公言していますから、健康維持がトップの最大の仕事になっているといえるかもしれません。

ちなみに司氏の日課は、木刀千回の素振りと筋トレ、意外なところではメダカの世話、貝殻を素材とした日用工芸品制作なのだそうです。スノボやジェットスキー、乗馬（牧場を所有していたことも）が得意なスポーツマンという顔や、山口家と山口組物故者が永代供養される高野山をはじめとする神社仏閣への参詣、宗教書に親しむ求道者的な面もあるようです。歴代総理の指南役とされた安岡正篤《まさひろ》や、大谷翔平の愛読書として話題をよんだ思想家の中村天風の人生哲学書にも親しんでいたのだとか。ちなみに、通り名の「司忍」は、弘田組の先代親分が愛読していた司馬遷「史記」の一節に由来するとのことです。

現在は抗争下で外出もままならないと聞きますが、組長になってからも五年ほど服役を経験していて、修行僧のようなストイックな暮らしには慣れているようです。元幹部のひとりが、司組長から直に言われたことでは、

「（山口組本家で履くスリッパは）安物でいいよ。枝（下部組織）の子が履いているようなスリッパで十分だし、それが好きなんだ。人間、贅沢が身につくと落とせないものなんだ」

「組員が真似するから」と高級時計も身につけない、とも証言しています。司組長の生活費は山口組の公費から計上されていますが、抗争下で外出できないこともあり、身の回りの世話をする部屋住みの若い衆の給料が主な支出なのだそうです。ちなみに、年の瀬に親分に挨拶に訪れる子（直参）とその付き人への「お年玉」（時代によって額は変動するようですが、数万円程度）は、司氏のポケットマネーのようです。

服役中の府中刑務所への差し入れ図書に〝ちょいワルオヤジ〟が読むファッション誌

『LEON』があったのは意外でしたが、出所時に満天下のマスコミの前で見せた西欧マフィアっぽいファッションセンスをみれば多少納得がいきます。時にはきらびやかな贅沢品で身を包んでみせるのも、そのカリスマ性で組織のイメージを上げも下げもするトップの仕事ということなのでしょう。

いまや平の直参はおろか執行部の幹部たちでも素顔に触れることがむずかしい司氏とはどんな親分なのでしょうか。さる経営者はこう証言しています。

「たとえばAという人から、これこれはこうでした、と報告を受けるでしょう。『そうか、よく分かった』となったすぐあとに、Bという人からも同じ内容の報告を受けても、顔色ひとつかえず話を聞き終えて『よく分かったよ。ありがとう』と相手の労を労《ねぎら》うんですよ。部下は話を受け止めてくれたと意気に感じて、また喜んでもらえるように渡世に励むでしょう。ことさら人心掌握術とか意識しなくてもそんな芸当ができてしまうのは、もって生まれた器なのでしょうか」

この経営者は、山口組トップとしての胸中についてもこう語ったものです。

「まだ五代目山口組の頃ですが、司親分から聞いたことがあるんです。組織（弘道会）を率いていくのは並大抵の苦労ではないでしょうね、と。親分の答えはこうでした。

『私が不出来なばっかりに、組がここまでくるのに、代紋に体を賭けた若い衆をはじめ大きな代償を払ってきた。その子らは今も組のことを思い、必死で獄中生活に耐えている。その私がもうここまでやったからいいんだ、と現在の地位を投げ出していいとは思えない。組の発展を願う人たちのためにも、望むと望まざるとにかかわらず、たとえ担がれた神輿《みこし》であっても、担がれた以上は親として組を成長させ、次の代に引き継いでいかなくてはならない』のだと」

「山口組の組長は終身制」ともいいます。いったん神輿に担がれたトップは、終生その責任をまっとうする宿命を負うのです。

トップダウンのピラミッド型指揮系統

江戸時代から続く老舗博徒のような「縄張り」を持たずに組をスタートさせた山口組が、ほぼ一世紀を経てこれほど巨大な組織になったのはなぜでしょうか。

前章で、最底辺のアンコ（荷揚げ人足）から旗揚げされた山口組の草創期を支えた稼業は、市場の運搬利権と浪曲、相撲などの興行だったと述べました。

二代目の登は頭の切れる人で、埋立地に新設された中央卸売市場の「横持ち」と呼ばれる運搬権（仲買人が競り落とした品物を店舗まで運搬する仕事）のうち鮮魚と鶏卵を独占して請け負うことに成功します。そのとき、「山口組合資会社」の社長には初代の春吉がおさまります。次男の秀雄は堅気になって自社の専務に就き、長男の登がヤクザの荒事と興行を一手に担うのです。当時、興行は劇場の用心棒のみならず出資者としてヤクザの親分が差配する例が多く、当たれば実入りも大きいのですが、浮き沈みの激しい稼業でした。春吉と登は堅実な正業を組織から分離して、渡世のいざこざを持ち込まないようにしたわけです。近代ヤクザの典型といわれる山口組の原点はここにあったのです（この時期に、山口家の家紋と区別して、山菱の代紋が新たに作られました）。「ハマのドン」として政財界に名を馳せる横浜の藤木企業・藤木幸夫氏の父親で荷役業界のトップに君臨した〝ミナトのオヤジ〟藤木幸太郎との縁もこの時代に端を発します。

戦後、山口組を再興するにあたって三代目に推された田岡は、（荷役という）正業を得るためヤクザ組織に連なった春吉初代からの伝統に立ち返り、「ヤクザは正業で食っていかなければならない」と、興行と港湾事業、土建という三つの柱で経済基盤を確立することに心血を注ぎます。

ヤクザの親分としての荒事は早い時期に、その横顔を見て育った部下たちに多くをゆだね、もっぱら実業家としてその才覚をふるったのも春吉初代譲りと言え、そこが多くの博徒組織と決定的に違っていました。はるかのちに台頭する「経済ヤクザ」と呼ばれる親分はみな、ヤクザと事業家としての顔を巧みに使いわけるようになります。

興行の世界では、先代が築いた信用と人脈を元手に、「山口組興行部、ひいては（芸能プロダクション）神戸芸能社なくして地方興行は立ち行かない」と言われるまで瞬《また》く間に地歩を築きました（各地に進出した組事務所が「神戸芸能社」の事務所代わりとなります）。

請われて美空ひばりの後見人となったことも、絶大な威力を発揮しました。地方を仕切る地元組織にとって、ひばりは絶対損をしない「荷」（タレント）でしたから、神戸芸能社から「おたくの地元で相乗り（折半）でどうや」と誘われれば願ったりかなったり、一も二もなくOKです。そんな共存関係が続くうちに、地元組織のほうから「傘下に入れてほしい」となるもので、力で無理やりねじ伏せたばかりではありません。

一方で田岡は、「戦後の経済復興はミナトから」と先を読み、やはり初代、二代目が築いたミナトの親分衆との縁故を足がかりに、神戸港で〝人間以下〟といわれたアンコの労働環境と待遇改善のため中小荷役業者を結束させ、その下に日雇い労働者まで組織化したことは既にふれました。

彼らのアブレ賃（休職手当）を船主側から引き出しただけでなく、寮や保健施設まで建設させたことは、近年社会問題化したブラック企業で働く非正規労働者のために組合を旗揚げさせ、待遇改善を要求するのと同じようなもので、当時は行政サイドにも一目置かれていたほどです。

また、経営者から労働争議の相談を受けたのを糸口に、中堅工務店に大口出資してこれを舎弟衆の掌中に収め、道路工事やビル建設など阪神間の土建業界ではトップクラスの一流企業に急成長させます。元来、土建業とヤクザは「親方」と土工の関係ひとつとっても切っても切れぬ関係にありました（「生コン・砂利運搬」「解体・産廃業」などはいまも一部で関わりがあるとされます）。山口組の息のかかった工務店へ工事を発注すれば山口組対策にも直結することから、事業主がこぞって下請けに指名したのです。やがて、神戸における大工事を請け負うすべての大手業者が山口組に「挨拶」するルールが確立。神戸で握った影響力を全国の土建業界におよぼさんと、破竹の勢いを見せます。

こうして覇権を握った事業部門は、一九六〇年代後半に本格化する当局の「頂上作戦」によって表向きは壊滅したかにみえますが、その後も才覚ある舎弟衆によってひそかに温存され、金融や不動産などで手広く稼ぐ「経済ヤクザ」のお手本として、山口組の潤沢な経済基盤を支える背景となっていきます。

ジャーナリストの猪野健治氏がこう証言しています。「舎弟、直系若衆のほぼ百パーセントが何らかの正業を持っていた。業種は多様で、タクシー会社、マンション経営をはじめ、競走馬、製氷業、ホテル経営と個性にあった事業にたずさわっていた」（『三代目山口組』ちくま文庫）。ちなみに、大阪のバー、キャバレーなどに卸す氷屋から身を起こして頭角を現したのが、のちに山口組若頭となる宅見勝でした。

少し古い資料ですが、バブル景気以前の山口組の組員のシノギのトップ5はスナック、金融業、露店、風俗営業、土建業の順でした（『捜査研究』一九七八年増刊号）。調査時、三・五人に一人が企業を経営していたとのことですから、下積みの若者をのぞけば組員の多くが正業を持っていたことになります。

他方、山口組が暴力分野で他組織と際立った違いを見せたのは、兵隊の「大量動員」方式でした。トップの田岡や企業舎弟が経済部門で得た軍資金をもとに、配下の二次団体から選抜された組員を戦地に大量動員する近代戦のシステムに、伝統的な地元博徒は度肝を抜かれたのです。映画『仁義なき戦い』で有名な広島抗争で山口組は肩入れする地元団体幹部の葬儀に一三〇〇人もの組員を送り込みますが、こうした経費はほぼ組から支給されていました。

博徒には住吉連合会（現・住吉会）のように、由緒ある一家一門の連合体組織が少なくなく、各一家横並びのよさもあるのですが、戦時に足並みが揃いにくい弱みがつきまといます。斯界《しかい》の第一人者で作家の山平重樹《やまだいらしげき》氏によると、テキヤ組織をはじめ伝統的な博徒組織では、各一家の総長のほうが一門の代表者より格上ということもままあったそうで、そうなると、ほかの一家が他組織と喧嘩をしていても「われ関せず」という風潮になりがちなのです（『ヤクザに学ぶ組織論』ちくま新書）。

山口組の強さは、田岡に絶対的忠誠を誓う上層幹部を軸にした、トップダウンの階層ピラミッド型の指揮系統にあり、抗争に一〇〇〇人規模の組員を派兵しながら、配下の誰ひとり田岡の関与を供述する者がいなかったことも、その絶対的な指導力を物語るものでしょう。

さらに、田岡が配下の腹心たちを競い合わせたことにも強さの理由を求めることができます。

山口組は戦後に再興された「若い」組織でした。田岡のよって立つ組織原理は「信賞必罰」です。さしたる実績がない下積みの若者にも活躍のチャンスがあり、抗争で手柄を立てれば幹部への道も開けます。田岡の時代には二〇代で直参に取り立てられる若者もいました。そこが古い暖簾にしがみつく年功型の関東の博徒とは決定的に異なっていたのです（表向きは実力本位の原則に立ちつつ、子分の顔色を読みとる母性的な能力にも長けていたようですが）。

全国に普及していた競輪、競艇などの公営ギャンブル場やパチンコ店の「用心棒」利権をめぐっても、山口組は地元組織を侵食していきます。当時は、公営ギャンブルの「警備」はヤクザ組織に公費で代行してもらうのが自治体の慣習でした。

その先兵となったのはいずれも田岡を信奉し「運命共同体意識」を抱く若衆集団でした。

「ヤクザの二人に一人が山口組」になった理由

〝殺しの軍団〟の異名をとった在日朝鮮人を主体とした柳川組もそうした集団の一つです。在日差別が激しかった時代、民族的な紐帯《ちゅうたい》を核にした、「失うものはない」若者たちで結成された戦闘集団の爆発的な勢威には当局をして目を見張らせるものがありました。山口組未到の地だった北海道、中京、北陸、山陰など各地に勢力を広げ、山口組の「高度経済成長」を支える原動力となったのです。

彼らは資金獲得の面でも、進出先の商店主らの出資を受けてローカル新聞を発行するなどベンチャー的な商才を兼ね備えていました。子は親の背中を見て育つ、といいますが、田岡が暴力と実業の「総合商社」を志向したことで、柳川組も小規模ながら「専門商社」を目指したといえるでしょう。柳川組が進出先で蒔いたタネは、組織の解散後も傘下の組織や他の山口組系列組織が地盤を受け継ぎ、勢力が温存されていきます。

（ヤミ）金融はいまも富裕層のヤクザ親分の得意分野として存在しますが、債権回収や地上げといった「民暴」（民事介入暴力）のはしりとされる「ボンノ」こと菅谷《すがたに》政雄率いる菅谷組も一時は配下二〇〇〇人と称され、山口組最大の所帯を誇る傘下組織でした。この菅谷組も柳川組と同様に、田岡を裏社会のドンにすべく、山口組の全国拡大に果たした役割は大きいものがありました。

住吉会とともに広域組織ビッグ3の一角を占める稲川会の創設者・稲川角二（聖城《せいじょう》）と田岡との交誼から、「山口組は箱根の山を越えず」という一応の不文律が存在しました。ただし、「企業事務所はこれにあたらず」という暗黙の了解があり、山口組は息のかかった人材と資金を提供する関係にある「フロント企業」などのソフトな体裁で首都圏にも進出していきます。

渡辺五代目体制が発足してまもなく、八王子の地元組織・二率会《にびきかい》系列組織と複数の山口組系列組織が参戦した抗争では、敵対組織をあっという間に屈服させ、正式な組事務所を東京に開設するに至ります。

バブル景気華やかなりし頃、関西とは一ケタ経済規模が違うといわれた首都圏に、山口組系の進出が一挙に進むことになるのです。それを後押ししたのもまた、暴力という物理的なパワーにモノを言わせた山口組のイケイケ路線でした。

もっとも山口組の勢力拡大は、進出される側の地元組織からみれば、数の力で屈服させられるという意味では「侵略」にほかなりません。

渡辺組長はあるとき、顧問弁護士だった山之内幸夫氏に、大東亜戦争について「他人様のシマ（領土）を荒らして、力ずくで奪い取るのは侵略に過ぎない」といった見識を示していたそうです。しかし、当時みずから実践していたのは、首都圏から東北、北海道にかけて在来の古豪組織の地盤に侵攻し、山口組に平伏させる行為だったことには思い至らなかったのでしょうか。

さて、首都進出で業界をアッと驚かせる事件が起きたのは、司六代目政権が発足した直後のこと。銀座、日本橋、上野、新橋、渋谷、六本木など、日本有数の繁華街に費場《ひば》所《しょ》（縄張り）を持つ老舗組織・國粋会を一夜にして傘下に収めることに成功したのです。

山口組は東京ではどちらかと言えば人様の軒先を借りる「店子」の立場でしたが、「大家」である國粋会を傘下に吸収したことで、一転して「貸し主」の立場に収まりました。ちなみに東京オリンピック前年の一九六三年、大物右翼・児玉誉士夫《よしお》の肝煎りで、力道山との親交で知られた町井久之の在日系組織・東声会と同盟関係を結んだ例がありますが、東声会は戦後生まれた新興組織で、縄張りは所有していませんでした。

その後、山口組の「空白県」といわれた広島、沖縄も含めて、全国制覇を夢見た田岡のグランドストーリーは完成の域に達しました。二〇〇〇年代には史上最大の四万人台を記録し、全国のヤクザ人口の半数に迫る人員を山口組が占める寡占状態が到来したのです。

「経済案件」から「ケツモチ」までシノギの実態

では、これほどの巨大組織、山口組のシノギ（資金獲得活動）はどうなっているのでしょうか。

これまで説明したように、博奕の縄張りを持たない山口組は、人足供給業者として組をスタートさせたことが原点にあり、初代から二代目にかけて「山口家の稼業」から発展して根を張った事業分野での人脈と地盤とを足がかりに、戦後の再興と急成長を果たしていきます。

そういうわけで、いったん自他ともに認められる「地域の顔役」として揺るぎない地位を築いてしまえば、黙っていても堅気の旦那衆から「経済案件」が持ちこまれます。公共事業への参入調整や近隣対策といった「大口」の相談から、競輪・競馬のノミ行為、風俗店の「ケツモチ」と呼ばれる用心棒稼業まで、オモテの法律や警察など行政が頼りにならないグレーゾーンの、ありとあらゆる裏サービス案件が営業項目となります。

中部地方の巨大公共工事で潤ったといわれる山口組のさる重鎮は、「こちらから仕事を求めたことは一度もない」と断言しているほどです。法の支配が及ばない領域では、「欲得の調停人」として、民間のトラブルを腹芸込みでさばいてくれる顔役が必要とされてきたのは事実なのでしょう。もちろん、隠然とした暴力的イメージをまとった威嚇力が調整能力の源泉であったのはたしかですが。

一例として、ヤクザと政財界の蜜月時代のエピソードを紹介しましょう。

オリンピック景気にわく一九六三年、東京都の水道工事でフィクサーとして鹿島建設側に児玉誉士夫、間組側に田中清玄《きよはる》がついて対立。その前年の京王百貨店新築工事では間組に田中と田岡ら、鹿島側には児玉と関根組らがついて収拾がつかなくなり、政界の大物も参戦して料亭で手打ち（和解）がなされたそうです。当時、児玉は稲川会・稲川聖城はじめ関東ヤクザと近く、田中は田岡と親しい関係でした（猪野健治『山口組概論』ちくま新書）。

山口組は、住吉会などと並び任侠系右翼や総会屋として経済界に食い込むのが比較的早かったとされます。企業の弱点を攻撃する恐喝、それとは反対に、企業を攻撃する右翼や総会屋相手の用心棒として「後ろ盾」になることで「裏顧問」的立場に収まる——こうした様子は、東映の実録映画『日本の首領《ドン》』でも赤裸々に描かれていました。

前にもふれましたが、盛時には山口組最大の二次団体を率いた菅谷政雄組長は、ヤミ金融や不動産の地上げ、企業の乗っ取りや倒産整理など「民暴」といわれる経済分野にいち早く深く進出した「経済ヤクザ」の先駆けとして知られます。

一九七〇年代に出資法違反で検挙された際は、「年間一五億のカネを動かし、二〇億の収益を手にするヤクザ」と風評が立つほどで、当局側もその手腕に驚いたといわれます。

この菅谷組が山口組から絶縁されると、その企業舎弟だった倒産整理・不動産担保専門の金融会社「八幡商事」を手中にして関西実業界に名を馳せたのが、宅見勝組長（のち五代目山口組若頭）でした。

仕手筋の仕事師を通じて、許永中など幾多の闇紳士（いわゆる共生者）と交流を持ち、関西国際空港の開発利権や、戦後最大の経済事件と言われるイトマン事件、二〇〇〇億円が動いたとされるクラボウ株買い占めなど事あるごとにその名が取り沙汰されました。

しかし結局、「闇社会に数千億円が流れた」といわれる実態は解明されないまま終わりました。宅見組長が死去したあと、本人をよく知る元側近は当時を振り返って、「ミナミの金庫にもどこにもそんな〝溜まり〟（表向き隠されたカネの流れ）はみつかりませんでしたわ」と嘆じたものでした。

他方、東日本で経済ヤクザとして「泣く子も黙る」といわれたのが、後藤組の後藤忠政組長でした。

山一抗争では一和会の会長宅に系列組員がダイナマイトを積んだダンプカーで突入、

駿河銀行を恐喝し多額の不正融資を引き出し、富士フイルム富士宮工場の土地買収要求にからむ恐喝など、捜査当局から「堅気に強い」という悪名を着せられ、創価学会の本山（当時）大石寺《たいせきじ》周辺の土地開発にからむ利益供与事件では、二〇億円を超える莫大な利益を得たとされます。

バブル景気の時代には、折からの地上げブームを背景にゴルフ場開発にからむ恐喝や、街金融アイチの森下安道や仕手グループの有力者との親交から、証券市場、土地開発がらみで巨額の利益を上げたともいわれます。当局が直系組織を視察内偵対象とした、異例の「後藤組壊滅本部」や「後藤組対策班」を設けたのもこの時期のことでした。

山口組でも特異な経済力を有するのが弘道会で、いっぷう変わったシノギの斡旋制度が導入されていました。組織に堅気衆からシノギの案件が入ると、有望な若手に「〇〇だが、やってみないか」と声を掛け、資本金が足りない相手には組織から資金を貸し付けることもあるそうです。

事業で利益を出せば若手も自信をつけ、組織にもリターンをもたらすという、ある意味では「投資」です。経済活動のセンスを磨くことが組織を担う人材の育成につながるとの考えに立ってのことでしょう。

ちなみに、二〇〇三年に弘道会系と住吉会系の間で起きた、七県にまたがり、わずか二ヶ月で死傷者七人を出した「北関東抗争」の発端は、栃木県内の運転代行業をめぐる利権争いだったとされます。

「事業」と「縄張り」がバッティングした場合、力ずくで奪い取るのが山口組の伝統なのです。

「縄張り」とフロント企業

そもそも、暴力団の縄張りとは何を指すのでしょうか。

「縄張り」とは、他の団体に対して、当の組織が飲食・風俗店などからみかじめ料（用心棒代）を徴収したり、カジノ店を出店したりといった「非合法・グレーゾーンのビジネスを行う既得権を行使できる範囲」を意味します。

もとは博徒が博奕場を開くことができる管轄地のことで、江戸時代以来の伝統的な博徒が少なくない東日本に比べ、西日本では「縄張りは力で奪うもの」という意識が強いようです。戦後、神戸の盛り場で無法が目に余った不良外国人を、「抜刀隊」を結成して腕力で押さえ込み、地域の顔役にのしあがった田岡の山口組もその例にもれません。

山口組が「全国制覇」を標榜した昭和三〇年代、地道組、柳川組、小西一家、菅谷組といった大看板の直系組織が列島各地に侵攻し、ローカル組織を屈服させ、あるいは糾合して勢力圏を急拡大していきました。市場原理下の民間企業におきかえれば、敵対的買収が武力によって成し遂げられたと言えるでしょうか。

むろん、各地に根付いたヤクザ組織もただ黙って領地を明け渡すわけもなく、関東では稲川会、住吉会、松葉会など有力組織からなる「関東親睦会」、西日本の独立団体も「西日本五社会」、九州でも「四社会」という「反山口組」で結ばれた同盟を結び、領内への山口組の侵攻を防御しようとします。前述した実録映画『仁義なき戦い』では、この時期に山口組と縁を結んだ広島の組織と、反山口組で大同団結した地元組織（共政会）との「代理戦争」がひとつの山場として描かれています。

山口組が復帰前の沖縄ヤクザの勢力争いに介入したことで、もともと抗争の絶えなかった沖縄では激しい衝突がありましたが、山口組はその後沖縄から撤退し、地元組織と共存共栄の道を歩むことを選択します。

意外なことに、弘道会のお膝元・名古屋が数々の抗争を経て平定されるのは、平成に入ってからのことでした。

前述しましたが、田岡の悲願だった関東進出は、田岡が稲川会初代・聖城と和解し親戚関係を結んで以降、「山口組は箱根の山を越えず」という紳士協定が定着。ただし、組の息のかかった者が実質的に経営する倒産整理、金融、不動産、土建、解体業など「フロント企業」の事務所という形態で首都圏への進出が進みました。

一九九三年の時点で、二三区内に六〇ヶ所、フロント企業は数百社、都内で活動する山口組関係者は二〇〇〇人にまで膨れ上がっていました。たとえば、弘道会で東京進出の先兵として唯一、新宿区のど真ん中に立派な事務所を構えるS組は、警備会社の看板で進出することが許されてきました。一方で、日本を代表する繁華街である歌舞伎町には元来、縄張りはないとされています。

なお、いわゆる事件師や仕事師などの「共生者」はもともと縄張りとは無関係に、案件ごとに異なる組織とつきあうのが上手です。たとえば、裏社会で誰もが知る「特知暴」(特殊知能暴力)グループの大物N氏などは、山口組にかぎっても、中野会、古川組、弘道会とその時々の有力組織を「ケツモチ」に抱え、業界を渡り歩いていたといいます。

平成に入った頃、山口組は東京・八王子に本拠を構える「二率会」系列組織との抗争で、相手組織を瓦解に追い込んだことは前述しました。二率会は新宿から武蔵野へかけての中央線沿線から京浜地区にいたる広大な縄張りを抱える「大地主」でしたが、この事件をきっかけに京浜地区の地盤を稲川会に、都内の勢力を住吉会に譲って解散します。六代目側は侵攻の結果、八王子に正式な系列事務所を旗揚げしたものの、抗争の手柄となるべき領土を他団体にもっていかれ、漁夫の利をえたのは関東の二大組織という結末でした。このとき、抗争に加わった幹部の一人はしみじみ語ったものです。

「当時は東京の縄張りのことに無頓着だった。八王子に正式な組事務所ができただけで成功だと思っていたんだ」

高くついた教訓に学んだのか、前述の通り、六代目政権が発足した二〇〇五年、東京に広大な「シマ」をもつ大地主の國粹会を、血を流すことなく傘下に収めます。國粹会内の内紛に山口組の有力な組織が割って入り、解決したことで信頼を得た結果でした。この〝無血開城〟により、山口組は首都で一番の大家となることができたのです。

一般人の目には見えないシマ（＝縄張り）について、業界の関係者に聞きました。

「関東をふくめ東海以東では、『この通りからこっちは〇〇、こっちが〇〇』というくらい画然とシマが区割りされてますね。たとえば渋谷なら109から右が〇〇会系、左が〇〇会系と画然と線引きされます。シマのことを〝死守《しも》り〟と言うように、シマに対しては今でも過敏です。『貸しジマ』ってあるでしょ、あれは、その地域のシマ持ちの大家とそこに出店するヤクザ組織が『盆暮れには××を挨拶料として納めます』『わずかなりとも月々のものも払います』などと一筆交わして取り決めた、一代限りの契約です。それに加え、風俗店や裏カジノなら月々いくらとか相場は一応あるんですが、その額は地域性と両者の力関係によって決まります。

國粋会が山口組の傘の下に入ったのも、元はといえばそのシマ内で派手に稼業している大手組織の店子が、大家を邪険に扱ったからですよ。いってみれば、強大国におさえこまれた小国が超大国＝山口組の傘の下に進んで入った格好だね」

せっかくなので、縄張りを借りる対価＝つきあい料の「相場」についてざっと説明します。派遣・店舗型を問わず、風俗店なら一〇万～二〇万円、キャバクラなら五万～一〇万円、個人営業のスナックならあわよくば一万円もしくは盆暮れのお飾りだけでも気持ちだけ、といった感じですが、これが博徒本来の賭博になると、バカラ賭博で一〇〇万～三〇〇万円、インターネットカジノ・ポーカー賭博で三〇万～五〇万円と一桁上がるそうです。東京に比較的多いバカラ賭博は、山口組では山健組系列を中心に歌舞伎町をはじめ、六本木、渋谷、錦糸町、横浜などに出店。関西はインターネットカジノが主流のようです。

ちなみに、スナックなどに干支の動物をかたどった置物が置いてあるのをみかけることがありますが、あれは、新規の組織が〝営業〟に来店したときに、「すみません、ここは昔から○○さんのところとおつきあいがあるので……」とお引き取り願うときのお守りのようなものなのだそうです。

さて、いまでも縄張りがいかにアンタッチャブルなものか、一例を紹介しましょう。山口組のさる幹部級が「自宅として使う」と業界に説明して建てた建物が東京にあって、この幹部が直参に昇格したのを機に直系組織の事務所として看板を掲げました。そのとたん、そこをシマ内とする親戚団体から事務所に車両を突っ込まれる攻撃を受けます。たとえ親戚団体でも、縄張り内での約束違反は許さないという強烈なアピールでした。

一方、抗争で多大な犠牲を払うことになった広島、沖縄はいまも山口組が公式に組事務所を持たない「空白県」となっています。歴史の教訓がそうさせたといえます。ちなみに、両県の地元の独立団体（共政会、旭琉会）ともに、いまでは山口組と友好な関係を築くに至っています。

「薬物は扱うな」は本当か

山口組単体の統計ではないのですが、バブル景気の頃（一九八九年）に警察庁が発表した暴力団の年間収入内訳によると、覚醒剤が四五三五億円で全収入の三四・八％を占めていました。

以下、賭博（ノミ行為含む）が一六・九％、「民暴」と企業対象暴力が合わせて一〇・七％、みかじめ料が八・七％、合法的な企業活動が九・九％と、伝統的な資金獲得活動に加え、「民暴」やフロント企業の躍進が目立ちます。山口組の実態もおそらく大差ないものだったとみられます。

幾度も厳罰化されてきた暴対法や暴排条例が全国くまなく行き渡った令和の世では、どうなっているでしょうか。

収入内訳のデータがないため、たとえば大阪府の暴力追放推進センターのホームページに公表されている資料によれば、暴対法施行前の一九九一年時点での罪種別検挙状況の内訳は、覚醒剤二二・〇％、傷害一六・九％、賭博一四・一％、恐喝九・六％、窃盗六・六％、暴行五％、最後に詐欺三・九％となっていました。

ところが、その三一年後の二〇二二年になると大きな変化がみられます。覚醒剤二一・六％はほぼ横ばいですが、詐欺が三倍以上の伸びを示して一四・四％、傷害一一・五％に続いて、窃盗も八・六％と増加、逆に、恐喝や賭博はそれぞれ四・六％、一・五％と、急落しています。

検挙数から収入源を推測すると、ヤクザが代紋の威力や暴力的威嚇を商売としてお金に換えることが難しくなり、〝死中に活〟を求めるように、代紋に頼らない詐欺や窃盗などの犯罪に傾いていることが窺われます。

司氏は前出の『産経新聞』のインタビューで、「山口組というのは窮地に立てば立つほどさらに進化してきた」と語っています。「どういう方法で正業が立つかと検討している。不良外国人は飲食店とかいろんなことやっているが、許可は得ていない。次から次へと変えていく。われわれもそうなっていくのかな、と思っている。悪に走ろうと思ったら、明日からでもできるが、任俠を標榜している以上、人の道に反することはしない」「裏に潜っていき、進化していく方法を知っている」と、暴力団への規制対象外となっている業種への転業の道を探っていると正直に明かしました。

ですが現実には、かつてなら堅気に迷惑をかけるので業界では「破廉恥」と忌避されてきた窃盗や詐欺といった犯罪に手を染める組員が明らかに増加しているのは、一般社会にとっても好ましいことではありません。

むろん、薬物事犯についても組側が推奨したことは一度もありません。

もともと、山口組で薬物の違法取引による荒稼ぎが禁止されたのは、田岡三代目の時代でした。田岡の周辺の若い衆にも「ミイラ取りがミイラ」になって薬物に手を出した結果、あたら人生を棒に振る者が目にあまったことも理由のひとつ。急成長を遂げた山口組内で麻薬密売をめぐる内部抗争が発生したのが田岡の逆鱗にふれ、「麻薬を扱ったことが判明したら理由を問わず破門」との通達が周知徹底されます。「ヤクザは正業を持て」と口酸っぱく訓示してきた任俠の看板を掲げる田岡には、傘下組織が社会に害悪を垂れ流す麻薬密売を隠れたシノギにすることは耐えられなかったのでしょう。田岡の自宅には、麻薬常習者の若者を更生させる座敷牢まであったといわれています。

六代目体制になってからは定期的に開かれる傘下組織の会合で組員の「身体検査」があったともいわれています。薬物絡みの検挙者で処分される者も後を絶ちません。

ただ、恐喝、博奕（ノミ行為も）、用心棒代（みかじめ料）、民暴など、ヤクザにさまざまな食い扶持があった〝この世の春〟は、二〇一一年に各地の自治体、各業界で徹底化された「暴排」の劇的な影響で、はるか百万年の彼方へと過ぎ去りました。いまや、土建屋経営者が旧知の地元ヤクザと同窓会で酒席をともにしただけで、「密接交際者」との烙印を押され、金融機関からの融資がストップ、入札からも排除されるような時代です。

そこで、山口組をふくめてヤクザの稼ぎとして比重が高くなっているのが、従来ある薬物取引と詐欺（行政対象の還付金詐欺や一般市民を対象とした特殊詐欺）で、営業科目としては双璧ともいえるほどになっています。

山口組においては、薬物はいうまでもなく、オレオレ詐欺をはじめとする特殊詐欺も再三にわたって厳禁する通達が傘下に周知されていますが、そう厳命しなければならないほど、組員が今日の食い扶持にも汲々としている窮状があります。

現に、山口組の傘下でも末端で「あそこは薬屋」と指さされる人たちは珍しくないのですが、上級者への自己申告が必要な世界でもありません。「警察に検挙されたら組織から処分される」とは、言い換えれば、「検挙されないように上手くやる」ぶんには確たる証拠があるわけでなし、大目に見られているというのが実情のようです。

それでも、厳冬の不況下にあっても山口組が田岡の時代からある「薬物禁止」の看板を下ろさないのは、ひとつには「世の中からはぐれた無法な若者が社会に害をなさないよう枠をはめる（教育する）のが親のつとめ」と、みずからの社会的役割をもって任じた田岡のポリシーを、たとえ建前であれ曲がりなりにも現在に受け継いでいる、という自負があるからとも考えられます。

ヤクザとつきあう民間業者も同罪として排除し、市民社会との関係を遮断する暴排社会が完成したことで、山口組をふくめたヤクザ組織の傘下や末端では、水が低きに流れるように、かえって非合法の度合いが高いシノギへと雪崩を打つようになっていく。あるいは新興勢力の半グレ集団（後述）ともビジネスと割り切って、付かず離れずつきあっていく。それが昨今の動かしがたい現実のようです。

山口組の直系カンパニー

戦後、一時的に「株式会社山口組」「山口土建株式会社」が設立されたことがありますが、これは占領下で封建的勢力の一掃に乗りだしたGHQの「団体等規正令」に基づく「解散命令」へのカモフラージュに過ぎませんでした。

現在、山口組が出資して所有している山口組カンパニーはふたつあります。

もっとも古いのが「東洋信用実業株式会社」（一九七六年設立）で、「株式会社山輝《やまき》」（一九九一年設立）とともに、山口組総本部（神戸市灘区篠原本町）の不動産を管理する会社で、いずれも代表には六代目山口組の最高幹部が就任しています。

沿革は以下の通りです。

一九六三年に田岡三代目が篠原本町に本宅を構えると、しばらくして隣接する土地（約六〇〇坪）が売りに出されます。田岡の子飼いが占めていた当時の執行部は「土地を購入して親分にプレゼントしよう」と衆議一決。主だった者が資本金と取得費用を持ち出しあって法人「東洋信用実業」を設立、土地を購入したのがきっかけでした。

その後、田岡亡きあとの本宅を「山口組総本部」の敷地として利用するため、田岡家の相続人から不動産を買い取るために設立されたのが「山輝」で、同社の株式は直参の組長が持ち合うかたちで出資されました。

株式は山口組直系の組長以外にはクローズされていますから、一般人が株主になることはできません。社員の募集もありませんが、株主総会はきちんと開かれています。

両社の顧問弁護士を務めた山之内幸夫氏によると、山輝の株式は直参昇格時に一定額が割り当てられ、引退時に組が買い戻すのだそうですが、そこで問題が生じました。分裂して出ていった「神戸」の親分衆がいまだに株を返却せず、山口組の株主にとどまっているので、その気があれば株主総会への出席も可能です。ただ、その権利を行使していないだけです。

本書を執筆中の二〇二三年現在、両社が所有する不動産は、六代目山口組総本部の建物と広大な駐車場に使用されていますが、山口組では傘下の組長にも組事務所を法人名義にするよう指導しています。組長が引退して新たな後継者が組事務所を引き継ごうとしても、遺族に拒まれることが少なくなかったので、組織の共有財産として残しておくためには法人名義にする必要があるのです。

実際に、山口組有数の本流組織とされる「山健組」でも、分裂後に「六代目」に復帰した本体側と「神戸」の「山健組」初代である井上邦雄組長側との間で、本部の土地建物の所有権をめぐって身内の争いが生じています。

このほか、六代目政権になって〝山口組の会社〟としてクローズアップされたのが、E社です。もともと、弘道会で採用されていた生活日用品の「互助会」システムで、商品を一括仕入れするための会社とされ、六代目体制で全直参が利用を求められました。

その売り上げで取得したのが、有馬温泉へ抜ける街道沿いにある元パチンコホールを改造した建物と土地でした。いずれヤクザが民間の施設から排除されることを見越して取得した物件で、通称「山口組会館」と呼ばれ、E社が運営し、山口組をあげての冠婚葬祭の行事に使用する目的でした（当局の横ヤリもあり、休眠状態のようですが）。

五代目時代には折からの「暴対法」対策として、山口組自体を法人化してはどうか、という議論もあったと聞きますが、もちろん実現していません。ちなみに、山口組ゆかりの会社としては、創業家の流れを汲む運送会社・山口運送や、田岡組長が起こした荷役会社・甲陽運輸が、山口組とはまったく別の堅気の優良会社として存続しています。

組員と組織の収支はどうなっているか

次に、個々の組員、それから組織全体の運営と収支について見ていくことにします。

山口組は、民間企業でも非営利のＮＰＯ団体でもありません。約百年前の発足時、命知らずの荷役人足という荒くれ者の群れから親方が組を立ち上げた歴史からもわかるように、「会員」相互の「助け合い」を目的に結団した「法人格のない任意団体」という位置付けになります。

ですから、運営方法も会員同士の互助によるもので、会員は運営に必要な経費を「会費」として徴収される一方、会の活動に労役などの「サービス」を積極的に提供する責務を負います。ちょうど大正の同じ時期に産声を上げた、消費生活協同組合とやや似ているところがあります。

「本家」(総本部)事務所の管理維持費と、そこに詰める〝部屋住み〟の若い衆の生活費、親戚団体との慶弔事(義理事)にかかる祝儀、香典、交通宿泊費などの一般経費のほか、組織やそのトップが民事訴訟で訴えられた際の裁判対策費なども積み立てておく必要があるでしょう。また、「本家親分は君臨すれども統治せず」が基本の山口組では、「現人神」である司組長に下界のカネにタッチさせることはできませんから、その生活全般にかかる費用は全面的に組織が持ちます。

ある幹部は、「冠婚葬祭などの義理事の費用がバカにならない。親戚団体がご祝儀を一〇〇(万)包んでもってくれれば、(格上である山口組として)相手への返礼はその倍になる。司親分が出所したときなど、セキュリティー上、新幹線のグリーン車一車両分の座席を買い上げたが、それも組の経費」と語っています。

「六代目」になってから支出が始められた経費としては、先代、先々代の「姐さん」への月々の手当があり、年間にして一人当たり一〇〇〇万円を超えるといいます。服役者の家族への手当や弁護士の公判費用、香典などの臨時出費を諸々含めると、「月々五〇〇万から多いときで一億円くらいはかかるはず」というのがこの幹部の見立てです。

なお、司組長やその「名代」（本人の代理）が、他団体の冠婚葬祭に足を運ぶ費用は当然ながら山口組の「経費」として処理されますが、髙山若頭や執行部の面々が組を代表して行事に参加する場合、費用は「自弁」なのだそうです。いわば社用でもその経費は自費というわけで、それぞれ一家を構える親分でもけっしてラクではないようです。

「会費」（警察用語では「上納金」）は時代によって上下がありますが、たとえば六代目体制が発足した二〇〇五年以降、平の直参（直系組長）で月額八〇万円、最高幹部で一〇〇万円でした。直系組織の傘下にも若い衆を抱えて組を構える三次団体組長がいますから、直参の傘下に構成員が一〇〇人いれば一人当たり月額一万円の負担で済むことになるので、割と手頃です。実際、「（会費が高いことで知られる）稲川会はカネがかかる。（連合体の）住吉会は時間がかかる。山口組は体を賭ける（抗争で体を張らされる）」という冗談もあるほどです。

とはいえ、バブル景気の破綻と「暴対法」の直撃を受けたあおりで会費が二度減額された結果、「六代目」以前は直参で五〇万円、最高幹部で七〇万円と「底値」で済んでいたことからすれば、かなりの増額です。

その理由は、「代替わりを機に引退する直参が相次いだので、功労金（退職金）を積み立てるため」とされます。実際に、この時期に引退した直参の組長には、跡目と組織を残して引退した者に一億円、組を畳んで引退した者にもその半額が支払われていたそうです。

月々の会費に加え、司組長の誕生祝い（一律一〇〇万円）など慶弔事のたびに「臨時徴収」もあるので、結構ばかになりません。ある傘下組織の臨時徴収の出費項目を見せてもらったことがありますが、「傘下の〇〇幹部の母親の香典代」みたいなものまで、細かく徴収されていました。

さらに、悲願の「山口組会館」用地取得を目的とした積立てに充てるため、前述した通り日用品（ミネラルウオーターやティッシュなど）の自主購入制度も導入されました。それこそ生協のように組系の代理店が一括して大量に仕入れた物品を、継続して一定数「会員」に卸すことで、その差額を積み立てようとしたのです。

任意とはいっても、そこは「男を売る」稼業の面子もあります。ついムリして品物を仕入れすぎた直参の組織では、傘下の組員が上から押し付けられた大量の日用品を前に途方に暮れる、行きつけの店に物品を買い取らせた組長が「強要」の罪に当たるとして逮捕される、といった悲劇もありました（ちなみに離反騒動の首謀者たちはこれを直参への厳しすぎる「カネの吸い上げ」の象徴として非難しました。離反騒動については第四章で詳しく述べます）。

これに対し、組織の功労者への「福利厚生費」や弁護士費用などは、各直系組織の自弁とされます。そうなると、横並びとされる傘下の直系組織のなかでも組員の多寡により、運営費用の捻出に大きく差が出ることになります。

親分付きの運転手まで含めても一〇人足らずの零細な直参から、一〇〇〇人に迫る大所帯の直参まで、その「格差」たるや相当なものですが、毎月の「会費」は一律です。とくに、三次団体クラスでも数百人の人員を抱えていたり、直参の親分自身が特定のシノギをもち経済力がある組織では、「会費」の支払いなどものの数ではないでしょう。その一方で、組の功労者である「顧問」が例外的に免除される場合をのぞき、滞納が続けば、組織にとどまることは困難になります。

「構造改革」路線がもたらした功罪はさまざまあるのでしょうが、造反した首謀者たちはこの点を突いて、会費を月額一〇万円に減額すべし、我に改革の大義あり、と正義の旗を掲げたのです。

とはいえ、離反勢力の中心となった山健組では、月会費とは別に組員一人当たり月一万円の「登録料」を独自に徴収していますし、傘下組員への日用品の押し付けも自前の資産形成に活用していたとの証言が内部からあがっており、「大義」の正当性には疑問が残ります。

ともあれ、その影響からか、離反騒動が起きてからしばらくして「六代目」側の会費も四〇万円程度に減額されたと聞きます。分裂劇で直参の数が減った上での減額ですから、「六代目」側の経営も厳しさを増しているはずです。

芸能・興行界と山口組

初代・二代目時代の「山口組興行部」、三代目・田岡が経営した「神戸芸能社」については前に触れましたが、芸能界との関係は今どうなっているのでしょうか。

芸能人の扱いには定評のあった田岡は、親交を深めた相手とは愛人の住所まで知らされるほど深くつきあったとされます。前記の猪野氏の著書（『山口組概論』）によると、田端義夫、川田晴久、伴淳三郎、清川虹子、山城新伍、里見浩太朗、淡島千景、村田英雄、三波春夫、フランク永井、松尾和子、江利チエミ、舟木一夫、五月みどり、坂本九……と、俳優、歌手、芸人を問わず、売れっ子芸能人の大半を興行で「世話」し、濃淡の違いはあるものの個人的にも交際を密にしていました。

なかでも、実の娘同然に寵愛した美空ひばりには、「後見人」を請われて「ひばりプロダクション」副社長に就任。一九六四年の小林旭との離婚会見ではひばりの親代わりとして同席し、記者の質問に答えたのは有名な話です。

巻末資料で詳しくふれていますが、映画界ではなんといってもトップの岡田茂社長との阿吽の呼吸で知られた東映と太いパイプがあり、任侠映画全盛時代は言うに及ばず、一九七〇年代に入って以降も、高倉健、菅原文太の二大スターをはじめ数多くの俳優と親交を持ちました。なかでも、勝新太郎とは昵懇《じっこん》の仲だったようです。

田岡が週刊誌に執筆した自伝が、一九七三年に刊行されベストセラーとなると、この自伝をもとに田岡の半生は映画化され、田岡役を大物俳優の高倉健が演じたこともあり、空前のヒットを記録しました。故・松田優作や役所広司といった名優が司六代目役を演じてヒットするようなものでしょう。

しかし、山口組と芸能界との蜜月ぶりに警察当局は次第に不快感をつのらせました。当局の先導で、かとう哲也の芸名で活動していた美空ひばりの実弟が、横浜の山口組系列組織の役職についていたことが問題視されます。実弟（と背後の組織）を庇った美空ひばりは、公演の中心となる公共施設から閉め出され、その年のNHK紅白歌合戦にも選ばれませんでした。ひばりにとって山口組は実弟と同様、「血は水より濃い」関係だったのでしょう。

ちなみに、一九八一年に田岡が死去した際に、一般人向けの葬儀に参列したなかには、ひばりをはじめ、勝新太郎、鶴田浩二、菅原文太らの姿がありました。芸能人とのこうした人脈は、田岡の死後も多かれ少なかれ、その部下たちに受け継がれていきます。

東映任俠映画の主役に抜擢された高倉健に俠客の所作を教えたのは、山口組随一の知名度を誇った先述のボンノこと菅谷政雄でした。また、菅谷組に次ぐ勢力を誇った加茂田組の加茂田重政組長が地元・神戸市長田で開く地蔵盆には、山城新伍ほか多くの芸能人が駆けつけました（当時の写真を見ると、加茂田組長が主催するパーティーに参加した芸能人には、菅原文太、杉良太郎、松平健、細川たかしなどの顔が見られ、加茂田家の祝宴で司会を務めたのが、若き日の明石家さんまだったりします。時世の違いが窺われます）。

ヤクザも堅気の旦那衆（スポンサー）に愛されてナンボ、という点では同じ浮草稼業の芸能人には親近感があり、表社会でネームバリューのある芸能人への有形無形の支援は親分としてのハク（社会的信用）をつける小道具になりました。組織の功労者が服役する刑務所に著名な芸能人を慰問に行かせれば、それが親分への評価にもなりました。

ただ当然ながら、ヤクザが身にまとう高級ブランドのアクセサリーと同じで、面倒見の実費は大半が持ち出しとなります。さる著名人のスキャンダル揉み消しに奔走した山口組の幹部は、「ユスろうとしたチンピラの顔を立てて相当額を渡したんだが、かかった経費は全部こちら持ちだよ。紹介者の顔を立ててね」と語ったものです。それが「顔役」としての信頼感にかかる必要経費というわけです。

ヤクザと芸能人の蜜月時代は長く続きました。それがさほど社会に疑問を持たれることなく続いていたことが図らずも明らかになったのが、二〇〇八年、経済ヤクザとして知られた先述の後藤忠政組長の誕生パーティー・ゴルフコンペでした。

小林旭、細川たかし、角川博、松原のぶえ、中条きよしらの芸能人が参加していたことが『週刊新潮』のスクープで発覚。それを受けて、ＮＨＫが番組への出演自粛を要請、騒動が広がりました。

さる資料によると、もともと後藤組長が芸能界や格闘技界に華麗な人脈を築いたきっかけは、民族派の野村秋介を介して芸能界の大物S氏と親交を結んだことであったようで、「後藤さんの席に呼び出された某有名女優がすぐに店に駆けつけたので驚いた」という程度の話は六本木界隈ではよく聞かれていたものでした。

いわば〝暗黙の了解〟で報じられることがなかった芸能界と闇社会との交流が、おおっぴらにメディアで俎上に載せられたのは異例のことでした。スポンサーに去られ、六億円に上る損失を被ったといわれる小林旭は、それでも雑誌（『週刊ＳＰＡ！』）の取材に「後藤の親分と一緒にゴルフやって何がいけなかったの？　誰が迷惑したの？」と疑問を呈し、世間でも「持ちつ持たれつ」を黙認する風潮は残りました。

しかし、なんといっても「蜜月」にとどめを刺したのはその三年後、全都道府県に暴排条例が行き渡った二〇一一年に、山口組最高幹部との交際を理由に、人気タレントの島田紳助が吉本興業から引退を宣告された一件でしょう。

吉本興業といえば戦前、創業者の吉本せいの時代に大物浪曲師・広沢虎造の映画出演をめぐる紛争で、支援に回った山口組二代目・山口登が対立組織に刺される事件がありました。そうした歴史が示すとおり、山口組とは単なる「用心棒」の縁を越えた因縁浅からぬものがあったのです。

しかし、たとえ紳助のような稼ぎ頭といえどもヤクザとの交際を断ち切らなければテレビ業界から弾き出される時代が到来しました。東京都の条例では、過去に暴力団と密接に関係していたことを公安委員会に申告して絶縁を約束すればお咎めなし、とする規定がありましたが、紳助には適用されませんでした。うがった見方をすれば、その後ときの政権に急接近し、会長みずからが「僕らは（政権の）手先ではない」（『朝日新聞』二〇一九年七月一四日付朝刊）と弁明するほど〝政商〟化していった吉本興業に必要な「禊《みそぎ》」だったのかもしれません。

暴排条例に芸能界でほぼ唯一、公然と反論したのは、大物歌手の松山千春でした。自らのコンサート中のトークで「日本国憲法の中には『一部の国民とは付き合うな』とか『飲食を共にするな』という文字は一行も入っていません。まして、国家権力が、一部の国民を取り上げいじめてもいい、などという言葉も入っていません」「よく考えてみてください。北海道から沖縄まで、すべての都道府県の条例で『排除しろ排除しろ』って。では、そういった人たちを一体、どこに排除しろというんですか？」と、いたってまっとうな異論を呈したのです（『夕刊フジ』二〇一一年一〇月四日配信）。ヤクザの会合に出席したことを咎められ地上波から排除されて以降も、持論に変わりはなかったようです。

紳助騒動以降も、大手芸能プロと組織の持ちつ持たれつの関係は水面下では維持されていると当局も認めていて、タレントのトラブル処理に暴力団や周辺者が対応にあたる例は皆無ではないようです。有名タレントを刑務所へ慰問させる際には組織の力量が問われたりもします。ただ、以前なら末端のチンピラヤクザがシノギにしていたタレントへの〝美人局《つつもたせ》〟による恐喝などの腐れ縁は、暴対法の規制を受けない元関東連合のような半グレ集団にとって代わられつつあるとのことです。

ちなみに、司六代目が渡世の振り出しに主な稼業としたのは、ナイトクラブへの芸能人の仕出しだったとされます（当時の実業としてはポピュラーなもので、正式名称は「司プロダクション」）。当局主導で進んだ、芸能人も含む一般人（社会）とヤクザとの関係遮断について、司氏は前出の『産経新聞』インタビューで「異様な時代が来た」と批判しています。

山口組と政治家の地下水脈

政界とヤクザ社会の闇交流が表沙汰になった事例は過去に何度も報じられていますが、近年騒ぎになったのは、二〇〇七年の参院選でした。自民党が惨敗、第一次安倍政権が退陣する一因になった選挙戦では、自民党候補を破って初当選した民主党系議員の票のとりまとめのため有権者に現金提供を約束した公選法違反（買収）の疑いで、山口組系幹部が逮捕、起訴されています。

検察側は公判で、「暴対法や組織犯罪処罰法など、暴力団を取り締まる法律が与党によって制定されたことから対立候補を応援」したと動機を推定しました。

その直後、この事件が氷山の一角であることをうかがわせる報道がありました。『夕刊フジ』が大きく報じたのは、「参院選の公示直前、山口組が傘下の直系組織に民主党を支援するよう通達を出していた」との証言で、政界に衝撃が走ります。

記事の真偽はいまだ不明ですが、一時期を除いては戦後ずっと政権与党として国政に与《あずか》ってきた自民党は近年、数次にわたる暴対法改正をはじめ組織犯罪処罰法、盗聴法（通信傍受法）など、暴力団締め付けの法規制を強化し続けてきました。

件《くだん》の「民主党支援」報道以前も、犯罪行為がなくても共謀しただけで罪に問える「共謀罪」新設法案が自民党からたびたび国会に提出されていました。それに反対してきたのが、民主党を始めとする野党だったことは確かです。当然ながら、民主党議員は「共謀罪に反対するのは山口組のためではない。ヤクザのために汗を流す議員なんて民主党にはいない」と反駁したものですが。

「遠くて近い」関係にあると言われてきたヤクザと政治家の闇交流。その歴史をさかのぼれば、双方の太いパイプをうかがわせる事例は少なからず見受けられます。

戦前、ヤクザあがりの代議士が国会で睨みを利かせる光景は当たり前でした。山口組二代目の山口登は政友会の大物・田中義一とは官邸への出入りを許される仲で、のちに首相となる犬養毅も後援していたくらいです。田岡が尊崇して子息にその名前をもらったという右翼の巨頭・頭山満とも親交がありましたし、大手運輸会社と争議団の仲裁を財界から依頼されるほど、神戸の顔役として存在感を示します。ふつうの任侠・右翼はせいぜい財界から「スト破り」に利用される程度でしたが、山口組は労使の紛争調停に丸腰で臨み、血気の労働者側から浴びた刃傷沙汰で身内に犠牲者も出しています。

それが戦後になるとGHQによる指導の影響もあり、政治家があからさまに闇勢力との関係を誇示することは少なくなりましたが、それでも一九六〇年代までは土建業など実業をもつヤクザが、市議や県議との二足のわらじを履くことはありました。

いまでは想像できないほど、両者の関係は〝良好〟だったのです。なかでも、政界に広く深い人脈を築いたのが田岡でした。猪野健治氏がその秘話をかつてこう明かしてくれたものです。

「田岡三代目の時代、警察がある組事務所を家宅捜索したとき、その事務所から内閣が二つできるくらいの政治家の名刺が出てきたといいます。三代目は『日本の復興はミナトから』と港湾事業の発展に身体を張って取り組みましたが、その実現に向けて運輸省をはじめ中央官庁との折衝にも奔走しました。そのプロセスで親しくなったのが安倍首相の祖父である岸信介や後に首相となった佐藤栄作、建設相等を歴任した河野一郎ら有力政治家でした」

河野は一時、田岡が設立した荷役業者の全国組織の顧問に就任したほどです。その河野と大物右翼・児玉誉士夫を通じて昵懇だったのが、もう一人のドン、稲川会初代・稲川聖城総裁でした。もともと当局との関係が近い関東の老舗組織は、政財界と良好な関係を築いてきました。遅れて関東に進出してきた山口組よりも、その方面では関東ヤクザのほうが一日の長があったといえるでしょう。

この関東博徒と児玉が築いた防波堤に田岡が採った作戦がまたユニークでした。一九六三年、山岡荘八や市川房枝などの著名人を集め、「麻薬追放国土浄化同盟」を創設。事務局を山口組本部におき、支部を稲川会の縄張りのど真ん中である横浜に構えます。なにしろ名目は市民団体ですから支部員である組員が事務所にいくら出入りしても文句はいえません。文化人の担ぎ出しにも一役買ったのが、児玉と対立する大物右翼の田中清玄でした。

政治家と裏社会の両者が水面下で、覇権をめぐる「抗争」を繰り広げた事件もありました。政界を揺るがした当時の選挙戦を知る関係者が明かします。

「田中角栄と福田赳夫が激しく争った、第一次角福戦争（一九七〇～七二年）の頃のこと、田中清玄に角栄を紹介された田岡はひそかに角栄支持に動きました。その角栄と覇を競う福田側には関東の老舗組織、住吉連合の堀政夫代表が加勢していたといわれます。さらに角栄の懐刀と呼ばれた後藤田正晴は四国が選挙区で、一度は落選の苦杯をなめたほど選挙には弱かった。協力を求められた田岡の一声で四国の山口組系列組織がフル回転した結果、辛くも当選を果たしたんです。古参の元親分衆の間では今も語り草となっていますよ」

角福が激突した熾烈な政争の裏で、田岡時代の山口組が〝フィクサー〟として力を行使したというのです。読売グループのドン・渡邉恒雄の師にあたる大野伴睦《ばんぼく》や時の首相・佐藤栄作、東急グループ総帥・五島慶太ら大物たちも、田岡との秘かなチャンネルを持っていたほどで、その隠然たるフィクサーぶりはなかば公然の秘密でした。全国ネットの港湾業界票をバックにその代表として「田岡を参院議員に」という声まで挙がったほどです。

そして時代が下っても、五代目山口組の宅見勝若頭と自民党幹事長を務めた三塚博との秘められた交際、稲川会の石井隆匡《たかまさ》会長が竹下登の総裁選のために右翼の街宣活動を中止させた「皇民党事件」など、両者のつながりを物語る事件は枚挙にいとまがありません。

その地下水脈は、いまも脈々と受け継がれているのかもしれません。

ついでに、憲法で認められる政治結社として、当局にも一目おかれる存在の「右翼団体」についても、ここで触れておきます。

田岡が右翼の巨頭と渡り合ったことは先述しましたが、配下の有力団体も傘下にそれぞれ右翼団体を抱えて、「右翼に縄張りなし」と首都圏にも進出していきます。たとえば、新橋界隈で知られた某政治結社は、当局には山口組の後藤組系列と色分けされています。

なぜ、右翼がヤクザ組織に系列化されるかというと、ライバル会社から持ち込まれた企業の弱みをネタに傘下の右翼団体に「仕事」を発注するのが、ヤクザ組織だからです。暴力団が相手企業を攻撃すればただの恐喝ですが、右翼団体が街宣をかける分には「言論の自由」です。皇民党が竹下登に対して行った「誉め殺し」もまさにそうでした。

ヤクザ組織からあらかじめ「ガソリン代」「弁当代」をもらって街宣に動くのが攻撃側の右翼団体なら、攻撃された会社の依頼を受けて止めに入るのも別系統のヤクザ組織です。あとは組織同士の交渉で「いくらいくらで手を打ってくれ」と商談がまとまります。そんな力関係から「右翼は警察に強く、ヤクザには弱い」といわれるのです。

ところで、山口組の高山若頭は古色蒼然とした日本の右翼界を刷新して「新右翼」「民族派」のような言論右翼に鍛え直すのが引退後の夢だと右翼関係者に語ったことがあるそうです。高山氏は個人的に新右翼の論客とも親交があるそうですから、早々と引退して壮大な構想が実現していれば「親米愛国」路線を基調とする既存右翼は「反米反権力」の革新右翼に一変していたかもしれません。

山口組とマスコミの虚々実々

なぜマスコミは山口組の動向を報じ続けるのでしょうか。身も蓋もない言い方をすれば、かつては山口組を扱うコンテンツがよく売れたという事実に尽きます。

そもそも敗戦後、わずか一代で組員三十数人から一万人以上にまで急成長させた田岡三代目自身がたいへんな有名人で、その支配下に多くのタレントを抱えていました。ヤクザと一般社会の垣根が低い時代でした。「全国制覇」を標榜し、列島の各地で破竹の勢いで版図を拡大していた「常勝軍団」のイメージに、「巨人・大鵬・卵焼き」ではありませんが、一般市民が素朴な関心を抱いたのも無理はありません。

とくに、配下一〇〇〇人を数えた大阪ミナミの愚連隊・明友会を瞬く間に壊滅させた「明友会事件」などは、関西マスコミを連日のように沸かせました。その後の「大阪戦争」では、田岡に銃弾を浴びせて逃亡したヒットマンの「挑戦状」がすっぱ抜かれ、紙面のトップを賑わせたこともありました。

一方で、当局が山口組の解散を目指して「第一次頂上作戦」を発動すると、一転して「山口組壊滅キャンペーン」を展開します。お上が決めた国策には従順に付き従うのがこの国の大手メディアの特徴です。

反対に、田岡の日本一の子分を自称した若頭の山本健一など、田岡が狙撃された「大阪戦争」を終わらせるにあたり、テレビカメラの前で記者会見を開き、一方的に抗争終結を宣言。抗争相手と同じ土俵に上がることなく、マスコミを効果的に利用して喧嘩の幕引きを図ったことで大いに注目を集めました。

しかし、田岡が一九八一年にこの世を去ると、跡目を巡りお家騒動が勃発、山口組は真っ二つに分裂します。前述した「山一抗争」のはじまりです。

人は不安であるほど好奇心をそそられるものなのか、皮肉にも世間の山口組への関心はさらに高まります。内紛のさなかだった一九八四年八月、こともあろうに天下のNHKが両派の最高幹部を実名・顔出しで登場させた『山口組・知られざる組織の内幕』を放映。関西で二三％もの高視聴率を記録、全国では二〇〇〇万人が視聴したとされ、「山口組のPRじゃないのか」などと賛否が渦巻きました。

番組で取材に応じた竹中組長が暗殺されると、約四年の間に抗争事件三一七件、死者二五人、負傷者六六人を記録した史上最大の抗争が勃発します。在阪マスコミは言うに及ばず、一般週刊誌もこぞって戦況を詳しく報じ、「神風が吹いた」といわれる実話系雑誌は自社ビルを建てるほど活況に沸きました。

当時、武器取引をめぐるアメリカ当局のおとり捜査で山口組の最高幹部がハワイで逮捕されると、その弁護を担当した弁護士・山之内幸夫氏が殺到するマスコミ取材の矢面に立ち、「山口組顧問弁護士」という肩書きがにわかに脚光を浴びます。

件のNHK特番の根回しに組側の窓口として奔走したのも山之内氏で、同氏が山一抗争で弁護した組員の生態を描いた小説『悲しきヒットマン』は三浦友和主演で映画化され、こちらもヒットします。

時はバブル景気のさなかで、地上げ、不動産の不法占拠、会社乗っ取り、株価操縦など「民暴」に血道を上げるヤクザと市民の対決が方々で起きていました。

それを喜劇風に描いた映画が『ミンボーの女』で、伊丹十三監督が一九九二年の公開直後、自宅近くで刃物を持った五人組に襲撃され、顔や両腕などに全治三ヶ月の重傷を負う事件が起きます。経済ヤクザとして知られた後藤忠政組長率いる後藤組傘下から実行犯が出たことで、その名は広く喧伝されました。「悪名は無名に勝る」というわけか、後藤氏の引退後に出版された自伝『憚りながら』（宝島社）は二〇万部を超えるベストセラーになりました。

ちなみにこの頃、小林旭主演で『民暴の帝王』（一九九三年）という経済ヤクザの生態に肉薄した映画が封切られており、こちらのほうが当時の「ミンボー」の実態を知る上ではためになります。

原作を書いたのは、『アサヒ芸能』記者を振り出しに、長く山口組内部のドキュメントを発表してきた作家・溝口敦氏。組織の内部に精通した同氏の若き日の著書『血と抗争　山口組ドキュメント』（一九六八年）は、この分野の基本文献となっていて、警察学校で副読本として読まれるほどですし、竹中四代目のヤクザ人生を描いた『荒らぶる獅子』は、不慮の銃弾に倒れた山口組トップの人物像とその時代を活写した代表作です。

山口組ウオッチャーの第一人者となってからは、渡辺五代目に直接取材した記事が本人の怒りを買い、溝口氏本人は何者かに背中を刺され重傷を負い、長男もその後、渡辺五代目の配下から襲われる事件に巻き込まれました。

「六代目」の懐に飛び込もうとして軽いヤケドを負ったジャーナリストに田原総一朗氏がいます。分裂以前のことですが、「暴排条例」でヤクザ業界全体への敵視が強まる風潮に一石を投じるという意図から、神戸の山口組総本部（本家）に在阪メディア各社を集めて討論会を開くよう持ちかけ、山口組側は半信半疑ながらこの提案を承認します。

意気やよし、だったのですが事前に計画が漏れ、田原氏自身が「密接交際者」としてテレビ界から追放されそうになったことで、計画は雲散霧消してしまいます。

近年、ウェブメディアはこの業界でもあなどりがたく、先にふれた山之内氏をはじめ、山口組の活動報告にとどまらない時事論評が花ざかりです。実体験と山口組の歴史を踏まえてユーチューブで現状を語る「山之内幸夫チャンネル」の配信は月間で延べ二〇〇万のアクセスがあるそうですし、元山口組二次団体幹部の竹垣悟氏は、最新ニュースの背景について、独自の人脈から仕入れたネタを交えながら経験者ならではの忌憚《きたん》のない意見を披露しています。

かつては「怪文書」として出回ったような怪しげなネタが特定の意図から拡散されるなど、SNSや動画配信サイトの影響力を無視できなくなった六代目山口組でも、最高幹部が（もちろん匿名ですが）ユーチューブにニュース動画を配信して、広報活動にいそしんでいるのがいかにも現代的です。

「半グレ」集団との共生

暴力団に所属することなく暴力的不法行為を繰り返す不良集団のことを「半堅気・半

愚連隊」の意で「半グレ」と呼ぶようになってから、すでに十数年が経ちます。

先述の溝口氏が名付け親と言われる半グレは、暴対法上の規制を受けることなく繁華街でぼったくりや用心棒代の強要、裏では特殊詐欺や組織的窃盗などで堅気のお金を巻き上げる一方で、暴力団とはつかず離れずの関係をもつとされます。

彼らは擬似血縁関係に縛られるヤクザとは根本的にちがう存在です。その場その場のシノギに応じて離合集散を繰り返すので、捜査当局もその実態を解明できていません。市川海老蔵暴行事件（二〇一〇年）で世間を騒がせたように、建前であれ「堅気に迷惑をかけるな」という美学を掲げるヤクザとは精神風土も異なります。最大の違いは盃で結ばれたヤクザのような「階層性」（の結束）がなく、地元の先輩後輩のような人的つながりをもとに、「しごと」の案件ごとに緩く結びつくところにあります。

分裂した神戸山口組からとび出して結成された「絆會」（当初は任侠（団体）山口組）の織田絆誠《よしのり》会長などは、半グレから盛り場の治安を守る「自警団」活動を発足当初の理念に掲げたほどで、地元経済に根差したヤクザとは（利権をめぐっても）反目する関係にあるとみられてきました。

二〇一一年末には、東京を地盤とする山口組の直参組織の幹部と組員四人が、六本木のキャバクラに乱入した半グレ二十数名にビール瓶などで殴打され、ひとりは脳挫傷で半死半生の重傷を負う事件が発生します。凶行におよんだ半グレ集団の背後には、住吉会系有力組織が控えていたといわれ、山口組と住吉会の間で手打ちがなされたとも囁かれました。半グレ集団の取り込みにかけては、住吉会が一歩も二歩もリードしていたようです。

それから約十年後の二〇二二年、そうした半グレと山口組の関係が一変したことを象徴する事件が起きました。豊中市にある「神戸」ナンバー2にあたる入江禎《ただし》副組長の自宅に軽トラックが突っ込み、門柱を壊して犯人は現場から逃走。実行犯は大阪を拠点とする半グレグループ・アビスのS元幹部でした。事件当時、山口組の抗争に半グレ出身者が参戦したことで話題になりましたが、その後、れっきとした弘道会系の組員であることが判明。山口組とは「アビス」に在籍中に縁をもったようです。ただし、S組員は、公判でも事件の動機について一切語ることはありませんでした。組織のために「体を賭ける」ことをアピールしたがる従来の組員とちがって得体が知れず、不気味な印象を与えたものです。

半グレが一躍、世間の注目を集めるようになったきっかけのひとつに、二〇一九年に放映されたNHKスペシャル『半グレ　反社会勢力の実像』がありました。暴力団やその共生者、密接交際者などとともに「反社」とくくられる半グレ集団のなかで、「怒羅《ド ラ》権《ゴン》」「関東連合」などと並び、「準暴力団」と位置付けられる関西の半グレ集団のひとつがこの「アビス」グループでした（その後、解散したとされます）。

大阪府警南署の調べによると、アビスは宅見組をはじめ山口組の牙城とされてきた大阪ミナミでガールズバーを複数経営していましたが、「月五〇〇〇万円の売り上げのなかから、リーダーが月に三〇万～五〇万のカネをヤクザ組織に渡していた」として、絆會系組織の事務所に家宅捜索が入りました。

ミナミ周辺に拠点を構える暴力団の裏庭で「五〇〇〇万円以上」の荒稼ぎをし、その「認可料」が売り上げのわずか一パーセントにも満たない額だったことに、業界のなかからも驚きの声があがったものでした。

一方、番組のなかで、肩で風をきって盛り場を闊歩する姿が顔出しで放映されたアビスと対立する半グレ集団「アウトセブン」グループは番組放映後、府警の逆鱗にふれ、壊滅に追い込まれました。

ただ、彼らが敵に回したのは警察だけではありません。ミナミの半グレの母体となる

「強者《つわもの》」（二〇一三年解散）グループは、山口組系組織の名前をダシにして、圏内の飲食店からカスリ（用心棒代）を徴収していたことに他の地元・山口組系組織からクレームが入り、警告にも聞く耳を持たない彼らをその武闘派組織が締め上げたのです。

ところが、この半グレvs.山口組のガチの喧嘩に割って入る親分もいて、強者の幹部Yは関西所払いの裁定を受け東京に。その後、別の有力組織が手を差し伸べたこともあり沖縄へ、沖縄を所払いとなるとまた新天地に「活動」の場を移すなど、神出鬼没の様相を呈しています。商才に長けた半グレは受け入れ先にことかかないということなのでしょう。

なお、この有力組織の組長が庇護下に置いていると当局に目されている某有名ユーチューバーは、バーやアパレルブランドなど表の事業の経営者として芸能界のみならず組織とも親交を持つ「密接交際者」、あるいは「半・半グレ」といった位置付けとなるそうです。

ヤクザ組織を向こうに回して隆盛を誇っていた半グレ集団と、その壊滅後に、彼らが忌み嫌っていたはずのヤクザ組織の庇護を受ける者、さらには抗争に戦闘員として加わる者……。両者の摩訶不思議な関係について、ある暴力団幹部はこう解説してくれました。

「半グレの連中がヤクザの統制を嫌うのは実際その通りだが、要は力関係だよ。大都市でいえば、東京は住吉会系の有力組織が連中を手中に収めているし、名古屋は弘道会、大阪は山健組と極心連合会だね。元『強者』勢力は極心がおさえていたし、大阪の元アビス幹部を名古屋（弘道会）が拾ったのは、分裂以降、敵対組織を切り崩し関西に拠点を拡げたかったからでしょう。

力のある組織は、カネ儲けに長けた半グレを大なり小なり後押しして、見込みのある者には〝個人的な舎弟盃〟を与えることもあるよ。もちろん、組織の上層部は実態を把握しているけど、正式な親子盃は交わしてないから、（暴力団員として警察に）登録はされないわけで。でも力の弱い組織は、半グレ連中がトラブルに遭ったときにその組の名前を使わせる程度のことで、若干のつきあい料をもらうくらい。さもなければ末端組員が特殊詐欺の一端を担わされて利用されるのがオチかな」

ちなみに、海老蔵事件で悪名を馳せた関東連合の元幹部Rも、二〇一八年に沖縄の繁華街・松山での素行不良が災いして地元組織から目の敵にされ本土に引きあげましたが、そのときの肩書きは「六代目」執行部メンバーの有力組織傘下の所属となっていました

（それ以前には弘道会の会合に顔を出して挨拶したとの話もあるようですから、彼らと組織がお互いに利用しあっている間柄なのでしょう）。

近年、SNSを駆使して素人を「闇バイト」に引き入れ各地で特殊詐欺や強盗をはたらく一味を当局では、「準暴力団」以上に裾野が広く特定しにくい犯罪集団として「匿名・流動型犯罪グループ」と名付けました。

二〇二三年に静岡県内で興味深い事件が起きています。JR藤枝駅前の繁華街で深夜、盛り場の利権を巡って日頃から対立していた地元の山口組系組員と稲川会系組員らの間で乱闘事件が発生。乱闘は約二〇人規模だったようで、路上にあるのぼり旗やれんがなどが凶器に使われたそうです。が、そこに稲川会側の助っ人として加勢し逮捕された六一歳の漁師の男が「匿名・流動型犯罪グループ」の一員とみなされると地元紙に報じられたのです。漁師にも気性の荒い人はいるでしょうが、地元ヤクザの喧嘩に加わるとは……。当局では、この「匿名・流動型犯罪グループ」が全国に約八〇団体、約四〇〇〇人いると推定しており、六代目山口組の構成員数にも匹敵する勢力とみなしていますから、今後実態把握に本腰を入れていくことになるでしょう。

司氏は『産経新聞』のインタビューに「うちの枠を外れると規律がなく、処罰もされないから自由にやる。そうしたら何をするかというと、すぐに金になることに走る。強盗や窃盗といった粗悪犯が増える」「社会から落ちこぼれた若者たちが無軌道になって、かたぎに迷惑をかけないように目を光らせることもわれわれの務めだと思っている」としごく真っ当な正論を述べていますが、関東連合出身で山口組傘下組織の若頭に出世したOBもいるほどで、「元・半グレ」は、今どきは暴走族からの人材供給が途絶えたヤクザ組織にとって、それに代わる供給源になっていくのかもしれません。

「関東連合」は元々暴走族OBを母体とする集団、「強者」は地下格闘技にルーツを持つ集団でしたが、これらとは別に、近年、高齢化が進む暴走族OBの一派が「旧車會」(旧型バイク愛好家の同好会・旧車会とは異なる)と称して、地元ヤクザともつかず離れずの関係を維持しているといわれます。「中年暴走族」の彼らは土建屋、飲食店業などを営む中小自営業者が中心で、現役時代の強い結束をもとに地元の親分と「地縁」で結ばれるケースがあるようです。山口組傘下組織のなかで要職につきながらも子分を持たずに生計を維持している「組なしの親方」にはこの「地元密着型」が少なくないとされます。

「抗争は百害あって一利しかない」

現在、山口組の親戚・友好団体は、稲川会（本部・東京）、松葉会（同）、東声会（同）、双愛会（千葉）、共政会（広島）、福博会（福岡）、合田一家（山口）、会津小鉄会（京都）、酒梅組（大阪）などがあり、離反騒動以前は司組長の誕生会などの席に招待されていました。

この業界では一般に、親戚・友好団体とは揉めないように、たとえ揉めごとが起きても正面から向き合うことなく迅速にことを収めるようにと上から指導されます（関東では、親戚団体と現場組員がマチガイを起こしたら上部組織まで処分する、と厳しく指導している組織もあります）。

常識的には、親戚団体が管轄する地域に山口組が「支店」を構える際は、先方への挨拶が欠かせません（現在、組事務所の新設は条例で実質的に禁じられていますが）。

山口組が業界で独自の地位を占めていることは、親戚団体のトップに対して、司組長なり髙山若頭が「後見人」的立場に立っていることからもわかります。では、「後見」とは具体的にどんな関係を指すのでしょうか。

上下関係でいえばまちがいなく「後見」する山口組が格上という理屈になるのでしょ

うが、「後見」を受ける側が当局が当初疑問視したような「傘下団体」なのかといえば、それはちがいます。

抗争が激減した現代では、親戚団体が他団体と揉めたからといって山口組が後ろ盾になるということもほぼありません。あるとすれば、「後見」した団体で、たとえば先代組長が引退や死去した後に起こりがちな跡目争いを未然に防ぎ、家督相続が平和裡に収まるよう見届ける役目があげられます。

実際に、山口組の古くからの親戚団体である稲川会で三代目の死去後に起きた内紛では、当主である稲川家の実子派に影響力を行使して、一発の銃声も聞かれることなく新政権の実現に奔走したのが山口組でした。それにより、関東での山口組の存在感もいやが上にも重みを増すことになります。

時代の変化について、ある幹部はこう述懐したものです。

「山口組の好戦的イメージは、平成の世にも抗争に明け暮れて名古屋を平定した弘道会によるところもあるのだろうが、いったん覇者になってしまえば、むしろ抗争で得るものはひとつもない。組員は身体を取られるし、カネもべらぼうにかかる。抗争は百害あって一利しかない、というのが本音だ。だから、（バブル時代までは普通にあったスナックでのカラオケの順番争いみたいな）つまらない喧嘩は起こすな、起きてしまっても瞬時に騒ぎを収めるのが、上に立つ人間のツトメだよ。武闘派組織の若頭のしごとって知ってる？　抗争を指揮することじゃないよ、末端で起きてしまった喧嘩をそれ以上やるなって止めることなんだよ。髙山若頭はそのために酒もやめてしまったそうですよ」

また、トップやナンバー2が現れる現場にその数時間前からチームを張り込ませて水ももらさぬ警戒態勢を敷くのも、「上が狙われたら、こっちも相手の組織を徹底的に潰さないと収まりが付かない。要する人員も戦費も膨大だ。だったら、自衛に経費を使った方が安上がりなんだよ」とのことです。

事実、二〇〇五年の六代目発足から三年後には当局の統計上では初めて、全国で「対立抗争ゼロ」を記録します。

ただ、山口組の分裂騒動の余波で、「六代目」「神戸」双方の支援をもろに受けて真っ二つに分裂してしまった「会津小鉄会」（その後一本化して六代目と復縁）、いまでも「神戸」井上組長との関係を優先して「六代目」から親戚関係解消を申し渡されている浅野組（岡山県笠岡市）の例など、影響力が巨大な組織ゆえにかえって業界に紛争の種をまいてしまったのは皮肉なことでした。

なお、「六代目」発足以降も何かと確執が絶えなかった住吉会とは、現在の山口組は融和路線に転じ、山口組の音頭で稲川会を加えた三者のトップが揃い踏みして会談を行うなど、双方の距離を縮めています。円卓の中央に山口組が席を占めたことは、ビッグ3の盟主が誰なのかを象徴していました。その一角で起きてしまった骨肉の御家騒動には、親戚団体といえどもなかなか口を出せるものではありません。

山口組「社内報」に見る組員の現実

ここまで、組織としての山口組の活動と社会との関わりを概観してきましたが、以下、それとは違う側面から内部の状況をうかがってみることにします。

六代目山口組がオールカラー・タブロイド判八ページの新聞『山口組新報』を創刊したのは、二〇一三年のことでした。「発行・山口組総本部」とあり、「非売品」「組員以外の閲覧、複写を禁ずる」と明記されていて、身内だけに配布した機関紙です（印刷も系列の印刷所と聞きます）。

毎号、巻頭ページに最高幹部が傘下に呼びかける巻頭言と組の「指針」が掲げられています。創刊号の巻頭を飾るのはもちろん、司組長でした。

官民あげての暴排機運の高まりを受けて「弱みを嘆くより強みを磨け」「混沌とした厳しい時代だからこそ、そこに可能性がある」と配下を叱咤、最後に「姿勢を正しくして世論にひるむことなく、青麦のごとく、〝踏まれてこそ逞《たくま》しく成長する〟をもって、斯《し》道《どう》に邁進《まいしん》されたい」と訓示して締めくくられます。まさに経営者の信念を語った社内報スタイルです。

その他のページでは、歴代組長の供養法要や他団体との外交行事を写真入りで伝えたり、盃儀式の様子がこれまた写真入りで当事者の感想とともに掲載されているなど「活動日録」的な意図も見受けられます。

直参の名所案内やお国自慢、釣りや登山といった趣味の報告、当局の締め付けや暴排社会に対して組員が疑問を呈する寄稿などが並び、最後に川柳や俳句の投稿が紙面を賑わせています。「ゴミ出して　言う妻こそが　粗大ゴミ」といった、平穏な日常の雑感が大半のようですが、なかには組員のリアルな心情が吐露された句も散見されます。

一般には知られざる組員たちの本音の一端に触れると、やはり目にとまるのは山口組を取り巻く厳しい現実です。以下、引用して紹介しましょう。

踏まれても　耐えて忍べや　福寿草　やがて花咲く　春までは

春を告げる福寿草に託して、渡世の厳しさの先に待ち受ける「春」、暴排の嵐が過ぎ去った先にある山口組の「春」を待望しているように感じられないでしょうか。

今は亡き　俠《おとこ》の面影　忍びつつ　秋の海辺に　一人たたずむ
懐かしき　故郷訪ね　巡れども　知るべ失《な》くして　漫《そぞ》ろ風吹く

秋の彼岸にひとり立ち止まって亡き人を偲ぶ。故郷を訪ね、風景も旧知の人の心も一変してしまったことに心の空洞を感じる。そこにはヤクザがヤクザらしく人生を送ることができた時代への哀惜と、厳しい現代社会を生きる組員の悲哀が潜んでいるようです。

機関紙の刊行には、組織を取り巻く厳しい「暴排」の現実を前に、苦楽を共にする同志との一体感を演出する意図がうかがえます。

これには先例がありました。田岡三代目の時代、「暴力団壊滅」キャンペーンのあおりを受け多大なダメージを受けた組織を復興させるにあたって、身内の融和と再結束を促す目的で一九七一年に創刊された『山口組時報』です。

当局から目の敵にされ、市民社会で日陰者扱いされるヤクザ者が、みずからが置かれた時代の風潮に正面切って声を上げるという、当時としてはかなり〝進歩的〟な活動であったことは確かでしょう。

巻頭に田岡の「試練の中から前進しよう！」という訓示が掲載され、のちに執行部や直参の寄稿が並ぶスタイルは、約四〇年後の『山口組新報』が踏襲したものです。出所したばかりだという最高幹部の一文を例として引用します。

「今日の日、この娑婆の大地に立って、始めてすべてがはっきりした。私にはたしかなそして立派な心の支えがあったからだと……。山口組という偉大な組織！　小田秀組という温かいわが家！　これだ！　これがあったのだ！　懐かしい顔、温い家、心の底から生きる喜びを胸一杯吸い込んだのです。まして、私ごとき者に、身に余る盛大な放免祝いをして頂き、これ以上の有難さがあろうかと思った。これこそ、俠道に生きる者だけが知る喜びだと思います」

組織のために実刑を受け、服役した後に、温かく迎えてくれる「家」。たしかに、一般の会社の社内報では目にすることはないでしょう。創刊を知って全国の組員から寄せられた「感激」の声が紹介される一方で、田岡役を高倉健が演じて大ヒットした実録映画『山口組三代目』を観た田岡本人の「私並びに山口組が世間の注目の的になっていることを、改めて認識するとともに、山口組のこれからの在り方をいかにすべきか、いまさらながらしみじみと考えさせられました」(一九七四年発行、第九号)という感慨や「われわれも涙ながらに観客の一人として純粋に観た。そして、より一層教わったのである」(同)という大幹部の声も掲載。来世紀を待たずに絶滅が危惧される、ヤクザの心性と習俗を知るうえで貴重な民俗資料になることはまちがいありません。

ある「若い衆」の日常

堅気の読者の方々には想像もつかないかもしれませんが、関西の山口組系列組織に所属していた若手組員(取材当時は三〇歳前後)の話をもとに、最近の「若い衆」の等身大の日常を再現してみます。

＊

午前七時前に起床。タバコを一服する前の日課は、一家一門の先祖が眠る方角に向かって手を合わせること。その後、組事務所に「定期連絡です、変わりないです」と連絡を入れる。これも起床後の義務でした。

自家用車がないので、ほぼ毎日顔を出す組事務所には電車で向かいます。同僚の顔を見ると安心するものだし、近況を報告しあったりもします。

朝飯が終わった頃、事務所に立ち寄った役付き（幹部）にも挨拶します。

平日は、それからシノギに出かけることになります。稼業の具体的な中身は言えないし、仲間内でも話はしないものです。

月に何回か課せられる事務所当番の日は、玄関周りやトイレ、台所、応接間などの掃除から、来客へのお茶出しや灰皿交換などの応対、事務所で飼っている番犬の餌やりや散歩まで、雑務に忙殺されます。食事は店屋物で、持ち出しでした。

当番がもっとも気を使うのは、親分への電話の取次ぎです。電話は二台あって、一台は堅気さんから、もう一台は同業者専用の回線で、本家（総本部）からの直電にはやはり緊張が走ります。親分にいつでも連絡がとれるように、あらかじめ当番には親分のスケジュールが知らされていて、「○時から×時は裁判所でつながりません。よって、何時に折り返します」などと応対するのです。

親分と行動を共にする「組長付き」当番の日は特に目まぐるしく、親分がお偉いさんと会うかもしれないのでお付きもスーツが欠かせません。車の運転はもとより、親分が綺麗好きなら埃ひとつないくらい掃除したり、シートの位置を定位置にしたりと、何かと気が抜けません。

この他に月一回、組事務所に組員が集まる「寄り合い」があり、総本部からの伝達事項がそこで申し送りされます。内容はその時々でマチマチですが、よその身内の逮捕事件を例にした行動上の注意事項が多いです。最近は特に薬物に厳しくなったと感じます。うちではしていませんが、寄り合いで尿検査までするところもあるらしいです。

月一回の会費もその時に徴収されます。若頭を筆頭に執行部、舎弟、若中《わかなか》（子分）と地位に応じて額が異なります。自分は下っ端なので四万～五万円くらいで、大看板を背負わせてもらうには安いものだと思いますが、臨時徴収（冠婚葬祭など組ごとの経費）はやっぱりきついです。

少額と言っても未納が続くと寄り合いに顔を出しづらくなるので、そのまま飛ぶ（消える）組員も出てきます。しばらく姿を消していたと思ったら、「別の組織に拾われた」なんていうツワモノもたまにはいるそうです。実入りがいい組員は他の組織も隅に置かず、引き抜きもあるでしょうし、それが組織間の喧嘩の発端になることもあります。

組員は会社の従業員と異なり「個人事業主」ですから、当番という労役を提供しても報酬はなく、自営で得た稼ぎのなかから会費も捻出しなければなりません。大半の若い衆の暮らしぶりは（映画やドラマに出てくるような豪奢で放縦な一般的イメージとちがって）いたって質素のようです。

その後の彼は、暴排の嵐を前に稼業が立ち行かなくなり、刑務所でのお務めを果たし、出所したら親分が引退して組織がなくなっていたそうです。

＊

米騒動から震災まで、山口組のボランティア活動

古くは大正時代の米騒動で、山口組の某組員が神戸の民衆とともに打ち壊しに加わった記録があり、ヤクザが任侠をもって任じていた時代は、下層労働者の群れからスタートを切った山口組も、庶民に近い目線をもっていたと考えられます。

前述した『山口組時報』にはとある直系組長が、終戦直後の神戸で起きた騒乱事件、いわゆる「阪神教育闘争」について証言しています。その手記のなかで、ＧＨＱの指令により政府が朝鮮人学校の閉鎖を通告したことに反発した朝鮮人約五〇〇〇人が兵庫県

庁に押しかけ、知事らを監禁。県軍政部が非常事態を宣言し、ＭＰ、警察が大量動員される騒乱事件へ発展した際、警察と朝鮮人らの間に入って武装解除し、一方で朝鮮人らの保護も果たしたのが、双方から信頼を寄せられていた山口組だったというのです。この〝義挙〟によって友誼で結ばれた朝鮮人らの一部には組織傘下の盃をもらって親分子分、兄弟分となる者もいたそうです。時代の転換期に治安側からも「義侠」の突破力が求められた一例といっていいでしょう。

二〇一一年年三月一一日、東日本一帯を襲った大震災は、東北・東日本に拠点をおく組織を直撃。全国に傘下団体をもつ山口組も例外ではなく、直撃を受けた組織や現地の様子を知った組員たちから、「他人事ではない」と救援を志願する声があがったそうです。

その際、一九九五年の阪神・淡路大震災で、山口組発祥の地である神戸で救援活動をした経験が、必要な物資や輸送に関する経験則として生かされたといいます。

地元に根付いた系列のテキヤ系組織が中心となって被災地に入り、自治会からも協力を取り付け、炊き出しを実施。焼きそば二万食をはじめ、うどん、粕汁、ぜんざい、フランクフルトといった食べものが振る舞われ、高齢者や子どもたちに好評だったとか。

水や食料、衣類、毛布のほか、ミルクやオムツ、生理用品といった物資も調達。粉ミルクは標準的なものだけでなく、アレルギー体質の赤ちゃん用まで用意し、下着もなるべく幅広くサイズを揃えるキメの細かさで、並の自治体では及びもつかないものでした。

東北の気候も考慮してカッパや長靴、防寒具、寒冷地で貴重な灯油などの燃料も、被災していない組織の手でかきあつめられました。これら「体育館ひとつでは収まりきらない量」の物資を被災地に設けた前線基地まで大型トラックで輸送、そこから小回りの利く車両に積み替えて、被災地を回ったといいます。

山口組全体で延べ一〇〇〇人近い組員が動員されたといいますから、抗争時に最大限発揮される、火急の際の機動力と動員力は、民間団体をしのぐものがあって当然です。

山口組の活動が、他の任俠系ボランティアよりも真剣にみえたのは、阪神・淡路大震災での経験がありました。被災当事者だった山口組総本部には、全国の傘下組織からトラック、ヘリコプター、クルーザーなどで一日一万食もの食料と救援物資が連日届きました。一日二回の配給時には、総本部前に常時二〇〇〇人以上の被災者が行列をなし、使い捨てカイロだけでも約一〇万人が暖をとったほどです。

一方で、傘下の組長が独自に避難所のある公園などで「炊き出し」を行いました。野球帽にジャンパー、ニッカポッカ姿でバイクを走らせ、避難所に救援物資を運ぶ渡辺芳則組長は被災者に「社長」と呼ばれていたそうです。

「任侠屋台村」の炊き出しは神戸に一〇ヶ所近く設けられ、その中には司氏の姿もありました。山口組総本部が直接扱った物資だけでも総額は一〇億円をくだらず、警察をして「ここまでやるとは思わなかった」と言わしめるほどでした。長引く避難所生活で女性ニーズが高かったのが生理用品で、ある直参が「おばあさん、まだ現役なんか」とからかうと、「なわけないわ、娘のやわ」と破顔一笑、なんていうほほえましい一幕があちこちで繰り広げられたのです。

さかのぼれば新潟大地震や山陰水害など、三代目の田岡の時代からこうした「陰徳」は積まれてきたようですが、そのたびにマスコミから売名行為だと指弾されます。悔しがる組員を田岡がなだめる一幕もあったそうです。

山口組の地元奉仕活動として海外メディアにも取り上げられたのが、ハロウィンで総本部駐車場の敷地を開放、地元住民に菓子を配布したことでした。

これもルーツは三代目時代で、近所の外国人の子どもたちに「ハロウィンの菓子を下さい」と言われ、お小遣いをもたせたことがきっかけなのだとか。分裂騒ぎの前には、色とりどりの仮装をした子どもたちと母親七〇〇人が訪れるほどの盛況ぶりで、地元警察には地団駄を踏ませました。

六代目体制になって復活した年の瀬の行事に「餅つき」もあります。この日も総本部の広大な駐車場を近隣の市民に開放し、系列のテキヤ系組織組員が屋台を設営して、組長、直参が和気あいあいとついた餅や雑煮、灘の生一本がふるまわれ、子ども連れの家族で祭礼さながらの賑わいとなります。

当初は司組長や髙山若頭からのポチ袋入りの「お年玉」（最高時は三万円）が子どもたちに渡されていましたから、それ目当てで何度も入退場する強者の親子もみかけられました。長く絶えていた伝統行事が復活したのは、地元・名古屋で「日ごろ迷惑をかけている近隣へのお返し」の恒例行事として餅つきを続けてきた、弘道会の髙山若頭による発案だったようです。

同時期、大阪市西成区の通称・三角公園（萩之茶屋南公園）では山口組総本部による「炊き出し」が行われ、開催の貼り紙を見た地元住民は配布開始前から公園の周りに長い行列を作り、複数の直参が豚汁、焼きそば、おにぎりなどの調理を手伝い、振る舞い酒を紙コップに注いで手渡していました。

駆けつけた延べ数千人の地元民から「主催者は誰か」と勘繰る声は聞かれなかったといいますから、主催者が「白い猫でも黒い猫でも」、困窮した庶民にとってはさしたる問題にならないようです。

もっとも、山口組が田岡以来の「人助け」の精神を実践できたのもそこまでで、抗争下の現在は総本部でのハロウィンはご法度に、餅つきも身内の組員と家族だけで開かれるようになりました。それどころか、暴排全盛の今では傘下の組長が「面倒見」していた街商組合（元々はテキヤ）への上納金強要で検挙されるなど、わが身を守るのにさえ右往左往しているありさまです。

ヤクザ自体がいずれ「任俠」を看板とする「伝統産業」として保護の対象になるのでは、と囁かれるほど斜陽化を余儀なくされつつある現在、山口組もまた「激甚災害」直撃にも匹敵する、存亡の危機にさらされているようです。

六代目絶頂期を象徴する「組歌」

「任俠」と言えば、「任俠一筋」と題された作者不明の歌が、さるホームページにアップされたのは二〇一四年のこと、プロ顔負けの美声の主は序列でいえば組織内ナンバー

3にあたる橋本弘文統括委員長（当時）でした。

当局が大いに関心を寄せた理由は、公開されたのがユーチューブの山口組公式サイトともされる「麻薬追放国土浄化同盟」のホームページだったことにあります。ちなみに「麻薬追放国土浄化同盟」とは、三代目・田岡一雄が一九六三年に学者、文化人、作家らの協力のもとで結成した任意団体の名称であったことは前述しました。

年末に行われる恒例の「餅つき」の模様をダイジェストで伝える映像の最後、山口組総本部内の大広間や床の間などの画像を背景に、件の「任俠一筋」が流れます。内容は、六代目山口組の主題歌といってもよいものでした。歌は3番まであり、1番は、

「度胸ひとつに五尺の身体　やくざ渡世に身を任せ　決めたこの道　尾張の国で　菱の代紋　我らの命　任俠一筋　男の意気地」

「尾張の国で」は、司氏と髙山氏の出身母体である弘道会が名古屋を拠点とすることに由来するのでしょう。菱の代紋に渡世入りし、その頂点に立つに至った司氏の極道としての心意気を歌ったものかと思われます。それは2番でさらに明らかです。

「可愛い若衆に慕われながら　義理と人情のこの道を　風雪忍んで夢ひとつ　司忍は我らの命　任俠一筋　男の意気地」

「風雪忍んで」は司氏の渡世名とかけたもので、サビで歌われる「司忍は我らの命」という部分こそが、六代目山口組の「主題歌」と目される所以です。

司氏は大昔に歌手を目指したこともあるという甘い美声の持ち主ですが、歌詞から考えると、この曲は自身の持ち歌というわけではないようで、山口春吉初代以来の山口組の伝統たる「任俠道」を現組長も継承せんとたゆまぬ努力をみずからも重ねている、とのメッセージと解されます。

関係者がこう証言します。

「三代目山口組時代に、田岡親分自身は歌うことはなかったんですが、組歌とされる歌があり、最高幹部が宴席で披露していたものです。『任俠一筋』も、内を固めるに和をもってなす、という組織原理を掲げてきた山口組の伝統を踏襲したもので、思えばこのときが六代目王朝のピークだったのかもしれませんが……」

組織の団結と永続を歌い上げた「組歌」が世間に公表された翌年、山口組は未曾有の「創設百年目の大分裂」に見舞われるのです。

組織を動かした歴代トップの肉声

かつて田岡三代目がそうであったように、山口組の当代組長や最高幹部の言動は、その時代に組織が置かれた立場や社会状況を如実に反映している点で、歴史社会学的な考察の対象としても興味深いものがあります。

ここでは目先を転じて、「原点回帰」路線を掲げる現政権が立脚する、歴代トップたちの言動を紐解きます。

＊

「ワイは博徒ではない、俠客だ」

山口組の創立者・山口春吉初代から一九二五（大正一四）年、わずか二三歳で跡目を継承した登二代目が裁判所で「博徒・山口登」と呼ばれたときに発した言葉です。

博徒は正業とはいえない博奕に生計を依存していますから、「無職渡世」と称されます。山口登は、稼業の荷役業から浪曲、相撲を中心とした興行をはじめとする正業で稼いだ資金で登を頼りに集まってきた若い衆を食べさせるとともに、近隣の困窮者も分け隔てなく受けいれていました。

養老院（現在の老人ホーム）や刑務所に芸人を手配したり、行く先のない老人を四国巡礼に送り出したり、身寄りのない孤児を引き取り世話をするなどという「義侠心」に富んだエピソードには事欠きません（正延哲士『昭和の侠客　鬼頭良之助と山口組二代目』ちくま文庫）。そのため、神戸市場の近くの「切戸《きれと》」に自宅と組を構えていたことから「切戸の親分」と呼ばれていました。興行に熱を入れたのも、近隣の貧しい工員や店員、零細業者に当時もっとも喜ばれる娯楽が浪曲や相撲だったからです。

その登から生前に盃を下され、誰よりも心酔していた若い衆が、田岡一雄（のち、三代目組長）でした。

田岡もまた、盆茣蓙《ぼんござ》（丁半ばくちで使うござ）にしがみつく博徒ではなく、正業を持った「侠客」を志向します。

登が築いた事業家とのネットワークを再興させ、みずから率先して事業を経営し、その資金力で「軍団」の全国進出を目指します。当局をして「その実態は田岡組」と称されるほど、「抜群の統率力、組織力を有する指導者」（警察資料より）であり、絶対的なカリスマとして君臨しますが、「山口組は世の中から外れた寂しい男たちの駆け込み寺」との初志を忘れることはありませんでした。

「親が子にカネをもらえるか」

そんな田岡が若き日に側近に語った言葉です。「そんなこと（上納）をすれば親として示しがつかなくなる」という言葉が続きます。先代譲りの親分観を受け継いだ田岡らしく、子を養うのが親の務めと考えていたようです。企業家として大成功した資金を湯水のように戦費に投入して組織を伸長させた〝絶対君主〟の原点がそこにうかがえるようです。

田岡の「強い山口組」の号令の下、全国制覇を標榜した時代に、その旗頭の一人となったのが〝殺しの軍団〟柳川組です。創設者である初代の柳川次郎から跡目を託された二代目・谷川康太郎が猪野健治氏に語ったのが、次の言葉でした。

「衣食住が満たされぬのは、それ自体が犯罪である」

大阪キタを根城に全国各地で抗争を繰り広げる先兵役となった原点には、在日朝鮮人への想像を絶する差別と貧困があったこと、命以外は失う物がなかった若き組員たちは、「周りは敵ばかり」で喧嘩に負ければ明日から食べていけない背水の日々だったと語っています。

当時のヤクザ組織には在日朝鮮人や被差別部落出身者が少なくなく、「根性者」を揃えた組織が部隊の最前線を担わされたのは歴史上の事実です。

田岡が一九八一年に死去すると、翌年、跡目を確実視された山本健一若頭もその後を追うように他界します。跡目を巡る内紛からその後、山口組は分裂。その竹中正久四代目が生前、週刊誌の取材に応じたほぼ唯一のインタビューで、ヤクザとしての生き様を問われ、応じた名セリフがありました。

「そら、男で死にたいわな……」

それからまもなく、自らの信条通り、一和会の放ったヒットマンにより非業の死を遂げると、山口組はいきり立つ傘下組員を前にこう訓示します。

「これからは信賞必罰をこととします」

三代目・田岡家の執事役を振り出しに竹中四代目、渡辺五代目、さらには司六代目擁立の陰の立役者として知られる大幹部・岸本才三組長の言葉です。一朝《いっちょう》事が起きれば組織のために体を張った者を手厚く処遇する一方で、組織に背いた者は完膚なきまでに潰す、という山口組の組織原理をこれほど端的に表した四字熟語もほかにはないでしょう。

この言葉通り、未曾有の抗争を圧倒的な武力で収束に導いた山口組は一九八九年、渡辺芳則五代目を誕生させます。

その渡辺が組織原理として周囲に語ったのが、

「数は力、力こそ正義」

でした。その言葉どおり、抗争終結の余勢をかって北海道・東北、首都圏などへ勢力を拡大。「力こそ正義」というイケイケ路線を改めて内外に示します。

渡辺の休養宣言を受け、二〇〇五年に司六代目政権が発足すると、司組長は継承からわずか数ヶ月で服役。出所から二年後に、機関紙『山口組新報』創刊号で、司組長が掲げたのが、

「混乱の中に希望がある」

という言葉でした。

三代目・田岡が機関紙で傘下に呼びかけた「試練の中から前進しよう！」との先例に範をとったのは明らかでしょう。暴排の嵐にさらされ、ともすればうつむきがちな傘下組員を叱咤激励する意図は明白でした。なんだか、不況下に呻吟する企業トップの悲壮な決意表明を思わせます。

しかしその二年後、山口組を待っていたのは、「分裂劇」という大騒乱だったのです。

そこで、司六代目が発したのが、

「若い者に罪はない」

という所信です。盃を反故《ほご》にして組を割った親分衆らは別として、親に従って山口組を出ていった若い衆にはなんら咎はない。皆であたたかい声をかけて相談にのってやってほしい、とその心情を吐露したのです。

それは、とりもなおさず、敵陣に引っ張られた有為の若い衆を六代目陣営が奪還せよ、との深意にも通じる、含蓄あるメッセージでした。

第三章　山口組vs.警察当局　国家との「ガチバトル」

警察庁長官の〝宣戦布告〟

「弘道会の弱体化なくして、山口組の弱体化なし」

安藤隆春警察庁長官（当時）が各都道府県警に対して弘道会への集中取締指令を発令。弘道会が本拠を置く名古屋を管轄する愛知県警捜査四課に「弘道会特別対策室」を設置したのは、「暴排条例」が全国で施行される前年の二〇一〇年のことでした。

警察当局が名指しで、山口組二次団体の壊滅を掲げるのはきわめて異例のことです。過去には「第一次頂上作戦」（一九六三～六八年）当時、傘下一七〇〇〇人を擁して「十大暴力団」のひとつに指定された柳川組、暴力事件や経済事件に度々その名が登場した後藤組ぐらいのものでしたから、当局の本気度が伝わってきます。

関係者によると、

「ヤクザ捜査専従で一挙に二〇人規模のベテラン捜査員が増員されるのは、他の県警で言えば一つの課が新設されるようなものです。愛知県警の捜査四課全体で約一〇〇人の陣容で、その半数を弘道会捜査の専従として投入したわけです」

それ以前から設置している「弘道会集中取締特別捜査本部」にはそれまで取締りを担当してきた刑事部だけでなく、交通部や生活安全部など全組織を巻き込んで、フロント企業や密接交際者もひっくるめて、弘道会の資金源を洗いざらい解明することで、その解体を本格化させる転機となっていきます。

さらに、特定の区域内で組側にみかじめ料などの便宜を図った場合、カネを渡した民間事業者をも罰することができる立法措置を講じました。

弘道会系組織で作る、名古屋随一の繁華街「錦三《きんさん》」をパトロールする「警ら隊」は、傘下六団体から三人ずつ計一八人で編成され、日祝日を除く午後七時から深夜二時まで繁華街を巡回します。その見返りに飲食店などから用心棒代を徴収した場合、支払った業者側も同時に罰することで、資金源と組織の間に楔《くさび》を打ち込んでいきます。

もっとも、地元・名古屋の企業関係者にはこう嘆く声も聞かれます。

「警ら隊と言えばものものしいけど、実態は少し違いますね。パトロールする弘道会の若い衆は、不審者を見かけると『どちらさんですか?』と必ず声をかけてくれる。それが不良外国人の一掃など治安向上に一定の役割を果たしてきたことは、かつては警察も認めていたことだったんですが……」

弘道会が、飲食店、金融、投資コンサルタント、不動産、土建、労働者供給業、食肉、解体、産廃、保険、印刷、映像製作、通販事業など、あらゆる合法事業に進出していたことは、当局が作成した「弘道会関係先チャート図」を見ると一目瞭然です。

たとえば二〇一〇年、愛知県内の産廃処理業者が弘道会傘下の幹部が役員を務める土木会社に約三億円の資金を供与していた疑いが発覚。「暴排条項」にもとづき、業者の収集運搬などの許可が取り消されました。

また同年、大阪市西成区の施設「福助」で、競艇や競輪のレースで客に勝敗を予想させノミ行為をした疑いで、弘道会系組員が逮捕されました。福助は通称「ドーム」と呼ばれ、二〇〇～三〇〇人もの客が建物外まであふれ、とくに生活保護費の支給日には盛況だったそうで、一日の売り上げが最大五〇〇万円ほどあったとされます。

もとより賭博もヤクザの生業で、場所柄もあってノミ行為も黙認されていたのかもしれませんが、この頃が「暴排」時代への転機だったのでしょう。資金力のある博徒系組織は地下に潜り、インターネットカジノに活路を見出していきます。

弘道会が進出している他の都道府県警でも、「暴対係の捜査員は弘道会を真っ先にターゲットとしている。なにしろ点数が上がるから」（捜査関係者）といいますから、取締りの網の目は狭まる一方です。

進学塾と風俗店の「密接交際」報道

二〇一四年、東海地方で進学塾や私立小学校を運営する「名進研」グループ（名古屋市）代表が、当局が弘道会の資金源とみなす大手風俗店「ブルーグループ」の元代表に計六億円を融資、それが風俗ビルの建設や賭けゴルフの借金返済に充てられていたと報じられました（『朝日新聞』三月一日付朝刊）。

名進研グループは名古屋を中心に進学塾四〇校を運営し、代表は私立小学校を運営する学校法人の理事長も務めていました。

「まず脱税容疑で名進研グループに名古屋国税局の査察が入り、その後告発されます。捜査の過程で風俗店グループへの融資と利息収入が見つかり、借用書などが押収されました。代表は、塾に親族を通わせる保護者の立場だった風俗店グループ元代表と知り合い意気投合。元代表が弘道会幹部とつきあいがあると知りながら、当局の締め付けで困難になっていた銀行取引を肩代わりしたり、風俗店グループ系の不動産会社の役員に名前を貸したりする関係になったというのです。

ただ、脱税は別として、経営者の個人的交友関係を問題視して実名で報じた記事は事件報道としては異例でした」（当時を知る全国紙記者）

進学塾と風俗店経営者という交友歴自体は意外でも、もちろん犯罪ではありません。それがあたかも犯罪であるかのように報じられたのは、風俗店が山口組系で、それも当局から「山口組を実質支配」と名指しされ、集中的に取締りを受けていた弘道会の「資金源」とみなされていたことが背景にありました。

元代表は愛知県や愛媛県でファッションヘルスなど数十店を展開。過去にも、暴力団の利用を断っていたゴルフ場で弘道会の幹部とプレーしたとして詐欺容疑で、また愛知県警の警官を脅した容疑でも逮捕され、有罪判決を受けていました。愛知県警がかねて力を入れる「弘道会壊滅作戦」で弘道会と連携するフロント企業とみなされ、進学塾の代表はそうした「暴力団関係者」と密接に交遊したことが咎められたのです。

ただ、代表が風俗店側に融資したのは、暴力団員との密接な交際を禁じた暴排条例が全国で施行される四、五年前のことです。当時、作家の宮崎学は、捜査手法にこう疑問を呈したものです。
「金の貸し借りは一般的な商行為であって、たまたま相手がヤクザと交流していたというだけの話。それも暴排条例施行以前のことです。そもそも風俗店は風営法で公安委員会によって営業が許可されている業種で、塾経営者がつきあってもやましいことはない。進学塾代表は年利18％の利息を受け取っていたというが、それも法令には違反していない。誰しも長年社会生活を送る中でさまざまな人間関係ができるもので、『誰とつきあってはいけない』という非難のほうがむしろ非常識でしょう。世の良識を代表するのが好きな朝日新聞にしては、常識のかけらもない報道ではないか」（『アサヒ芸能』二〇一四年三月二〇日号）

賭博もしかりですが、元来、「風俗店の用心棒はヤクザの生業ではないか」という声も業界内からは聞こえてきます。

暴排条例や暴対法の第五次改正の際に危惧された「密接交際者」認定の曖昧さ、言葉とイメージの独り歩きが現実化した例とも言え、公権力乱用を監視するはずの大手メディアの援軍もあって、官民挙げた暴排キャンペーンのPRとなりました。

「弘道会」はなぜ目の敵にされるのか

時の警察庁長官が会見で大見得を切ったことで、よくもわるくも弘道会の名が世間に広く知れ渡りました。司組長と高山若頭という、組織トップとナンバー2を輩出した山口組最大の直系組織というだけが理由ではありません。

弘道会が警察に対して「会わない、事務所に入れない、取り引きしない」と三つの原則（三無主義）を掲げて、権力になびかない姿勢を鮮明にしたことも、（警察に何度も裏切られ煮え湯をのまされた結果そうなっただけ、との証言もありますが）警察の心証を悪くしました。渡辺五代目の時代は、山口組総本部を管轄する兵庫県警の情報担当窓口と最高幹部は「地元愛」という信頼関係で結ばれていましたから、弘道会のクールな対応が余計に敵対的に映ったことでしょう。

情報管理の面でも徹底しています。六代目体制が発足した当時は、傘下に配布される山口組の内部文書や盃事のＤＶＤは細部に細工がされていて、ネットなどに流出した場合、どこの直系組織から流れたのか即座にわかるようになっていました。本部からの伝達内容にも少しずつ相異が施され、警察やマスコミに情報が流れた際に足跡を追えるよう細心の注意が払われていたといわれますが、これも総じて〝名古屋方式〟とみなされます。

とはいえ、当局と同様に、神戸山口組が名指しして「われわれの敵は（六代目のそれ以外の組織ではなく）弘道会のみ」と激しく敵視したのは、それだけ弘道会の突出した「一強」ぶりを恐れたからでもあります。

では、弘道会の何がそれほど恐れられたのでしょうか。

煎じ詰めれば、組織力の源泉となる傘下組員の忠誠心（ロイヤリティ）と暴力性、それを支える経済力に尽きるといえるでしょう。忠誠心と暴力性（組織のために平気で体を賭け、長期服役も苦にしないこと）は表裏一体の関係にあります。

弘道会の組員は「山口組のため」ではなくひとえに「弘道会のため」に尽くす性向が強い印象です。その秘密を解くカギとして、業界で知る人ぞ知ることのひとつに、「福利厚生」の手厚さがあげられます。

もともと名古屋をはじめ中京、東海地方は地元のテキヤや博徒が割拠する〝激戦区〟で、新参者だった山口組は縄張り荒らしも厭わなかったのですが、敵に囲まれた新天地に進出する際の出城となるのが組事務所です。

関西や東京では、資金に余裕のある親分は自宅に金を掛ける傾向がありますが、弘道会では、組事務所をとりわけ重視します。若い衆が組を旗揚げすれば事務所の取得費を肩代わりすることもあるといいます。弘道会でも古参の元OBはこう語っています。

「愚連隊や暴走族あがりで威勢がいい一〇代の若者から、渡世の裏表に通じた五〇代、六〇代まで、各世代が偏りなく所属する組織が理想ですね。一〇代のあんちゃんたちの気持ちは二〇代の若い衆には分かっても、五〇代以上には分からないもの。だからこそ、組事務所を開放し、行き場のない一〇代の子が屯《たむ》ろする受け皿にするんです。

金儲けの味を知る前の暴れん坊を鍛え上げて、ヤクザとしての所作を叩き込む。そのなかから将来を嘱望される幹部候補や筋金入りの鉄砲玉が育ってくる。擬似家族の成長の場として事務所は欠かせないものなんです」

弘道会の本部事務所にプール付きのジムがあるのは業界では知られた話です、それは「刺青お断り」の若い衆のために設けたものだそうです。若い衆の子どもが小学校に入学する頃になると、組から自転車が贈られていたという話もあります。

「髙山若頭は、配下に家族持ちの若い衆がいると『子どもと接する時間をもて』と口うるさく促す、コワモテとは違った一面がありますね」(同)

伊勢志摩の別荘では毎年、組員を集めてのバーベキュー大会が行われ、豪華賞品が当たるビンゴ大会まで催されたこともあり、自家用ヘリで現れた司親分が満座の前に降り立ち拍手喝采となる光景もあったとか。髙山若頭みずから音頭をとって数ヶ月に一度、身内だけの焼肉パーティーを開いて、若い衆の考え方や悩みに直接触れる場を好んで設けていたとも聞きます。

細やかな福利厚生は、もとより慈善事業でやっているわけではありません。大家族の一員として扱ってくれる組織のために体を賭ける、そういう若者を育てることに意義があるのです。民間企業なら、取り引き相手に信頼され、会社の信用と利益を向上させた社員が評価されるでしょうが、ヤクザの世界でも組織の暴力的威力を維持し向上させる「戦闘員」が重宝されるのです。

それゆえ弘道会では、組織の面子を賭けた喧嘩で服役した組員は、懲役と同じ年数は「面倒見」すると言われます。二〇年の長期服役なら、その間の家族の生活の面倒は言うに及ばず、当人が出所した際に住居や組を持たせてその労に報いるのです。「亭主が服役中の〝極妻〟たちを集めてハワイだかグアムだかに慰安旅行をしたこともあった」(同)といいます。

他の組織にはない報恩システムが、弘道会の「ヒットマン輩出」の計算式を支えているのです。そもそも、殺人で十数年服役して出所した頃には、〝倒産〟しているかもしれない組織のために、所属組員が人生を賭けることはありません。

弘道会と敵対する警察の幹部もこんなことを話しています。

「二〇〇九年の名古屋場所で、弘道会幹部が維持員席で観戦していたことが翌年に発覚して問題になったでしょう。刑務所でも夕食どきなどにＮＨＫの相撲中継は見られるんです。画面に映り込む砂かぶりでわざわざ観戦することで、服役中の組員に幹部の元気な姿を見せるのが目的でした。

報じられてはいませんが、維持員席では幹部の招待を受けた服役者の家族などもしばしば観戦していたようです。われわれ警察にとっては角界から反社勢力を一掃するいいキャンペーンになったが、弘道会の福利厚生の手厚さがアダになったケースだね」

平成になってようやく、戦国時代にあった名古屋を統一した弘道会には、当然のようにそのブランド力を頼って、堅気の旦那衆から有形無形の依頼があり、カネも集まってくるでしょう。「力こそ信用の源」です。「いまの平安とシノギがあるのは、務めに行った功労者のおかげ」という思いが強くなるのは自然の理で、娑婆に残った組員も組織の栄耀栄華を支えるため必死にシノギに精を出す、という理屈です。

反六代目、反弘道会の論調が目立つ溝口敦氏も、日本外国特派員協会での記者会見で、その〝実績〟をこう認めたほどです。
「弘道会が名古屋の繁華街である錦三とか栄町で外国人排除の警備活動を長らく続けており、名古屋地区では外国人のそういう薬とか、売春とか、そういう人間が減っておるということは聞いております。しかし、とりわけ弘道会が外国人排除ということで、精力的に取り組んでいると、そういう認識はたぶん日本人の認識はないんじゃないかなと思います」（二〇一五年一〇月二〇日）
弘道会の抜きん出た組織力＝忠誠心・暴力性・経済力の三位一体を生み出す秘訣。それはとりもなおさず、当局にとっては底知れない「不気味さ」の背景であり、「できればお近づきになりたくない」と「嫌われる理由」にもなるのです。

弘道会vs.警察の死闘

対する弘道会では、関西、東北、九州、関東などに「統括責任者」を置き、各地区固有の案件に対処させる一方で、綱紀、厚生、懲罰、渉外、運営などの役職を設け、各組織の若頭補佐が任にあたるなどして、警察がつけ入る隙を与えないように組織内の統制に目を光らせています。

二次団体（弘道会）とは別に、傘下の有力三次団体にまで顧問弁護士（それも複数）がいる組織は、業界を見渡しても弘道会だけでしょう。警察に対しても「三無主義」（先述）を徹底して情報管理を一元化するかたわら、捜査員の所有車両を割り出して自宅住所を調べるなど対決姿勢をうちだしたかのごとき印象を与えたことも、当局の顰蹙を買ったようです（ある時期までは警察に協力的だったとの証言もありますが、当事者によれば、何度も〝背信行為〟に遭ったために非協力姿勢へと転じたとのことです）。

山口組全体の行方さえ左右する「弘道会vs.警察当局」の攻防は、激化の一途をたどります。弘道会の跡目を継いだ組長がクレジットカードの不正利用（詐欺容疑）や、身分を偽って暴排条項のあるゴルフ場を利用したとして繰り返し逮捕されるなど、枚挙にいとまがありません。

そもそもトップの司組長自身が、ガード役の配下に拳銃を所持・警備させたとして、銃刀法違反（共同所持）の罪に問われていたのですが、最高裁で実刑が確定し、六代目政権発足後、わずか数ヶ月で下獄します。山口組トップが在任中に長期服役するのは、史上初めてのことでした。

そして両者のガチバトルのハイライトが、当時の弘道会トップで、司組長に代わって組織を運営する立場にあった髙山清司若頭の検挙でした。京都の土建業者の代表からみかじめ料名目で計四〇〇〇万円を脅し取ったとされる恐喝事件に、共謀して関与したかどうかが問われたのです。

公判で検察が描いたストーリーは、次のようなものでした。

――髙山若頭らは土木建設を巡る利権を得るため、土建業者代表に企業舎弟になるよう求めた。二〇〇五年一〇月、京都市内の料亭で会食した際、髙山若頭は同行者を指さし、「日頃これらがお世話になっている。今後も仲良くやってほしい。仕事も力を合わせてよろしく頼む」と土建業者代表に要請。さらに「入江にも挨拶に行っておいてくれ」と述べ、本家ナンバー3の入江禎総本部長に挨拶のカネを持っていくことを要求した――。

これに対して弁護側は、会食の翌年に土建業者代表が自ら作成した「遺言書」といわれるメモに、この会食での髙山氏の発言は「挨拶程度のものであった」としか記載されておらず、警察の取調調書でも、髙山発言を「深い意味とは取らなかった」と供述していたことから、恐喝事件の構図そのものが、弘道会と山口組の弱体化を悲願とする捜査・司法当局が創作した「壮大なストーリー」だと指弾しました。外形的には、取引先に、「うちの社長に挨拶料を持っていくから」とオーナー社長の名前を利用しようとした部下をその取引先が信用せず、社長の面識を得ようと紹介された際、「部下をよろしく頼む」と挨拶しただけですから、部下の恐喝で詰腹を切らされた髙山氏本人は「ハメられた」とすら感じたのではないでしょうか。

とはいえ、ヤクザが立件され、いったん起訴されればほぼ一〇〇パーセント、無罪放免にはなりません。髙山氏は六年の実刑判決を受けて二〇一四年、最高裁への上告を取り下げて服役。一説によれば、「いわれなき罪状は徹底的に争うが、いったん刑が確定すれば速やかに従う」という国家に対する身の処し方を通したものだといわれます。

しかし一年後、「髙山若頭の服役がなかったら起きなかった」と当事者も語る分裂劇が起きたことは、結果的に当局が造反者の背中を押した形となり、狙い通り、六代目一強時代の「国策」である山口組弱体化につながったことになります。

「暴排」締め付けで困窮化する組員

かつてヤクザといえば派手なスーツに高価な貴金属や自家用車というイメージもあり

ましたが、今や山口組系の組長でも困窮化しつつあるといわれます。

NHK『クローズアップ現代』(「〝貧困暴力団〟が新たな脅威に」)で、シノギを追われた組員がスーパーでの集団万引きや電気窃盗、生活保護受給詐欺に手を染め、治安上の新たな脅威となっていると報じられたのは、「暴排条例」の完全施行から七年ほど経った二〇一八年のことでした。

暴排条例や民間業者が約款に導入する「暴排条項」をめぐっては、ヤクザという身分を理由として、(最低限の生活インフラをのぞく)あらゆるサービスから彼らを排除しても「合理的な差別」であれば許される、という最高裁判決のお墨付きがあります。

そこから、地元の同窓会でヤクザと同席した土建業者が自治体の入札から排除されたり、ヤクザの夫をもつ妻が経営する会社が銀行口座を閉鎖され、倒産に追い込まれたりといった騒動が続出。ヤクザと持ちつ持たれつの関係をかろうじて維持していた旦那衆も、「密接交際者」として断罪される時代となりました。

こうした当局主導のヤクザ組織に対する劇薬、いわば兵糧攻め＝資金源枯渇作戦の効果は絶大でした。

組織だけでなく、組員個人の日常生活も多大な制約を受けることになりました。クレジットカードが、料金の支払い契約に使われる携帯電話、公営住宅への入居、車両の購入と車検、事務所のファクスの保守点検サービスにいたるまで、世の中のあらゆるサービスから組員が排除されるようになります。ことに車両の自賠責保険からヤクザが排除されたために、ヤクザが運転する車両と事故を起こした一般人が保険の適用を受けられない、という不都合な事態も起きています。

「出所したばかりの元ダフ屋の若い衆などは、再就職しようにも、新規の銀行口座はもとよりカード会社、携帯電話会社からはねられ、就職先からの電話も振り込みも受けられなかった。マンションが借りられないのでかつての組仲間の家に厄介になるうちに、仲間内がやっている高額チケットの転売屋に逆戻りするしかなかった。自力で立ち直れというだけでは、所詮、空念仏にすぎませんよ」（ある末端組員）

山口組も例外ではありません。シノギ厳冬の時代を象徴する事件が相次いでいます。

二〇一九年、息子が経営する尼崎市の鉄板焼き店を手伝っていた神戸山口組の幹部が、「六代目」系元組員に自動小銃で射殺されました。この幹部はシノギに困り、借金でもあったのか組織から脱退することも許されず、実質的に店の経営で自活していたようです。

「はじめに」でふれたように、二〇二三年には、神戸市長田区の有名ラーメン店の店主で、自ら厨房にも立っていた弘道会の直系組長が何者かに射殺されます。この組長も店を任せていた店長に逃げられ、自分で仕入れから顧客の応対までこなしていたそうです。「神戸」側から狙われやすい標的となっていたのは業界でも知る人ぞ知る話でしたが、いわば「体を張って」でも自ら厨房に立ち続けなくてはならないほど経済的に追い詰められていたのではないかと、常連客からも気の毒がられています。

もともと浮草稼業のヤクザが、固定収入を求めて家族や情婦に店を持たせることは古くから見受けられましたが、ひとかどの直参が組の仕事をこなしつつ水ものの飲食店を経営し続けるのは容易ではなかったでしょう。

山口組が国を提訴！

困窮しているのは、何も生業に関してだけではありません。

最近では、「神戸」系の親分が甲子園球場で阪神戦を観戦しただけで、暴力団排除をうたった「試合観戦契約約款」に違反したとして逮捕、スーパーのポイントカードをつくった「六代目」系組長が「反社条項」のある会員カードの規定に違反したかどで逮捕、メルカリを利用して普通の（禁止されていない）商品を出品した組員が登録条項違反で逮捕、年末に事務所で行われる餅つきに必要なプロパンガスを自前で用意したら、高圧ガス保安法違反で「六代目」組幹部が逮捕——などなど、瑣末な事案での当局の締め付けが顕著になっています。民間の暴排条項による検挙が東京以外の関西や愛知県で目立つのは、都暴排条例が実施された際、警視庁内の検討会で「行き過ぎた適用はかえって民間の暴排機運に水を差しかねず、慎重な運用が望ましい」という見解が出された影響もあるとみてよさそうです。

山口組側も、手をこまねいて傍観していたわけではありません。

高速道路のETCカードをめぐって、親族名義のカードを不正に利用したとして直系組長の逮捕が近年相次いでいますが、妻のカードを高速道路で「不正」利用したことで逮捕されるなど、一般人ではまず想像できません。

ヤクザはクレジットカードを持てないため、ETCカードも取得できないのです。そうしたクレカ無所持者への救済措置として導入されている「ETCパーソナルカード」には「暴排規定」はなかったのですが、それを不正に取得したとして、詐欺の罪状で六代目系組長が一斉逮捕されると、六代目側が堪忍袋の緒を切らし反撃に出ます。系列有力組織の幹部が道路会社と国を相手どり、会員資格取消しの無効と損害賠償を求める訴訟を提起するにいたりました。ことは高速道路からの締め出しに留まらず、電気・ガス・水道などの公共インフラからの排除につながりかねないと、山口組側が危機感を強めての挙でした。

さらに、先のメルカリ逮捕に危機感を持ったのか、dポイントなどのアプリ、LINEなど通信サービス、通販サイト、各種ポイントサービスで「反社条項」のあるものを要注意リストとして傘下組織に資料配布したほどです（ドン・キホーテのポイントカードやU-NEXTは暴排条項があるが「ゆるい」、BEAMSクラブカードは「条項なし」、「d払い」は「きつい」などと当時は記されていました）。

ヤマト運輸などの民間宅配業者はいち早く、組事務所への宅配の取り止めを通告していましたが、最後の頼みの綱だった日本郵便もここにきて「中元・歳暮」を含め、ヤクザへの宅配業務を休止すると宣言しました。

ライフラインである電気、ガス、水道も東京ガスをはじめとして、組事務所への提供を止める旨を通告しており、今後、組事務所を維持していくためには、組長が自宅として兼用するしかなくなるのでは、と危機感を強めています。警視庁HPの暴排条例Q&

Aには、事業者が利益供与違反にならない例として「電気やガスを供給したり、医師が診療行為を行うなど法令に基づいて行われる行為」とあるのですが……。

「最大の敵」当局との攻防史

ふりかえれば、当局をして「実態は田岡組」「この様な独裁制をうち立てた田岡の政治力には驚かされるものがある」（兵庫県警察本部編『広域暴力団山口組壊滅史』、以下『山口組壊滅史』）とそのカリスマ性を認めさせた山口組中興の祖・田岡組長の「最大の敵」は対立組織ではなく、やはり警察でした。

行政との関係では、ミナトの復興と治安回復（暴力手配師を一掃したことで職安など行政庁からも一目おかれる存在でした）への功績から神戸市水上署（消防署ともいわれるようですが）の一日署長を務めたこともあるほどで、同書には誉め殺しのような記述も散見されます。

「せまい神戸市内で、多数の暴力団が用心棒代などでせり合っていてもたかが知れている。それより初代以来の布石や地盤のある興業と港湾荷役業界へ全国進出することこそ、山口組の大きな前進のための底力となると見透した田岡の先見は、やくざの世界にあっては確かに出色のものであった」
「トップ自らが事業で得た豊富な資金をもとに地方に「戦闘員」を大量動員し、圧倒的な力で相手を屈服させる――こうした山口組独自のスタイルが、田岡の〝慧眼《けいがん》〟によるものだったと当局も認めているわけです。

東京オリンピックに前後して暴力団壊滅が国策となり、住吉会や稲川会（当時は錦政会という名称でした）ら、有名なヤクザ団体が残らず追い込まれて白旗を上げるなか、ほぼ唯一、解散を拒否したことはすでに述べました。当局の解体作戦によって、資金稼ぎに長けた企業舎弟のことごとくを失い、捜査の手は持病の心臓疾患で入院していた田岡やその家族にも及びましたが、田岡はトップとして断固、解散を拒みます（第一次頂上作戦）。

腹心の若頭を筆頭に組内が「（偽装）解散論」に傾く中、県警は「組長の指揮能力が失われ、解散も近い」と宣言。警察幹部が新聞紙上で「病床の田岡を刑務所に送り込む」と華々しく宣戦布告するのですが、田岡は当局に膝を屈することを最後まで拒否します。

そればかりか週刊誌の取材に応じ、満天下に徹底抗戦の意志を伝えたのです（「私は訴える―山口組は解散せず」『週刊文春』一九六六年七月四日号)。

このとき「山口組は国家権力にも屈しない」という不敗神話が、業界の内外に植え付けられたのです。

兵庫県警が六八年にまとめた内部資料『山口組壊滅史』があえなく看板倒れに終わったことで、国策捜査を指揮したキャリア(のちに警視監)も敗北を認め、自著に『山口組壊滅せず』と冠したのは、なんとも正直なことでした。

権力になびくことなく山口組創業者から代々受け継ぐ暖簾を守ったことで、山口組は業界でかえって存在感を増してゆき、地方組織が進んでその傘の下に入るといった逆転現象が起きました。以降も山口組ブランドは維持され、一九七〇年代初めには再び一万人軍団となり「第二の復興」をなし遂げました。

他方、企業舎弟の子どもが通う学校にまで刑事が訪れるなど警察の執拗なやり口、マスコミこぞっての「壊滅キャンペーン」にさらされたことで、山口組は「警察やマスコミとの接触禁止」という〝菱のカーテン〟をみずから引くことになります。

「権力への非妥協」という田岡の姿勢は、四代目の竹中正久組長にも色濃く受け継がれました。姫路の竹中組本部事務所に兵庫県警の家宅捜索が入った時、「なんじゃい、わりゃあ！　しまいにはぶっ殺したろか!!」と獰猛さもあらわに刑事に食ってかかる姿が全国に放映され、強烈な印象を与えたものでした。

身に覚えのない捜索令状には頑なに反駁する一方、服役中に読み込んだ『六法全書』の法律知識をもとに、みずからの公判でも当局の落ち度を厳しく主張する緻密さと闘争心を兼ね備えていました。

そして、山口組が権力への闘争心を最大限に発揮する機会が訪れます。

一九九一年に公布された暴対法への危機感を募らせた山口組と会津小鉄会、稲川会、住吉会が一堂に会し、「極道サミット」を開いて対応を協議、協同組合や政治結社の設立、代紋の商標登録などを行い合法的な法人化を図ることで、暴対法の「指定団体」（構成員に一定以上の前科者がいて常習的に「威力」を利用して不当な利益をえる博徒、テキヤ、愚連隊の組織を法的に「暴力団」と指定）の対象から逃れようとします。

政治経済の中心地にあって、権力とは融和的な関係が続いた関東の勢力が「決められた法律には従う」と順応したのに対して、山口組の対応は違いました。会津小鉄会、工藤會（当時は工藤連合草野一家）とともに「われわれは（暴対法のいう）暴力団ではなく、（社会からはぐれた者が相互に扶助する）親睦団体であり、（暴対法は）憲法で守られるべき

『結社の自由』に反する」という論法で、公安委員会の指定取り消しを求めて真っ向から争う姿勢を見せたのです。

「山口組がお上を訴える」という異常事態に、世間は面白半分に騒ぎ立てました。人権派の論客としてテレビにもたびたび登場した遠藤誠弁護士を主任として総勢一五六人の大弁護団が結成され、暴対法の違憲性が正面から問われることになったのです。

しかし、ヤクザによる前例のない「違憲訴訟」の公判が続いていた一九九五年一月に阪神・淡路大震災が発生、山口組も多数の被災者を出しました。「こんな時期に……」という声が組内で大勢となり、山口組は「世紀の訴訟」を取り下げます。

「〝半グレ〟にも学ぶことはある」

六代目政権時に全国に施行された暴排条例に対しても、「業界のリーダーとして、『法の下の平等』に反すると、裁判で条例の違憲性を問いただしてほしい」という声もあるにはありました。しかし暴対法訴訟の時と違い、条例の問題点を公に訴える声は法曹界からもほとんどあがりませんでした(作家の宮崎学らが呼びかけた院内集会に反権力派の文化人が参集したのがわずかな例外です)。

そこで司氏が近年口にしているのは、「地域に根付き、地域から愛される地方分散型の組織に小集団化することで逆風に順応する」という、これまでの「選択と集中」を旨とする中央集権的な組織のあり方を改める構想でした。ある幹部はこう説明しています。

「司親分がよく口にする〝小集団化〟というのは、ひと昔前の地元に根を張ったヤクザに戻ろうってことだよ。山口組に限らず、全国の暴力団が広域化を果たしたのは暴対法以降、〝よらば大樹〟となって大手の寡占が進んだから。当時は『数は力』といわれたものだけど、いまや、組織の図体が大きいことは当局の狙い撃ちを受けるだけでいいことはひとつもない。スケールメリットの逆転現象といえばいいのか。東京でいえば、名のある暴力団やテキヤ組織であえて目立たないようにスケールダウンして、暴対法の指定団体から外れている団体があるでしょ。準暴力団化というと言葉は悪いけど、当局の網にかかりにくい組織形態をとる半グレの奴らにも学ぶことはある」

裏を返せば、「本家に頼り切るのではなく、地域の実情に応じて各自が生き残り策を講じて、対処せよ」といっているわけです。山口組の組織原理となるピラミッド型の〝鉄の結束〟を多少は犠牲にしても、各直参組織が、広域化する以前の、困窮している人がいれば炊き出しや子ども食堂で手を差し伸べるような地場産業的な「ローカル集団」に回帰することで、暴排の嵐が過ぎ去りふたたび春が来るまで耐え忍ぶ戦略といえるでしょうか（第二章で紹介した「旧車會」と地方親分との地縁共同体など、その好例となりそうです）。

さる「六代目」幹部も『日刊ＳＰＡ！』で地方分権の将来像についてこう述べています。

「〝地盤強化〟こそ、今後の山口組が再統合へ向けて推進すべきテーマ。（分裂抗争）終結に向けて、これまでバラバラの組織に散っていた組員をなるべく都道府県ごとに一つに固まらせることによって地域の結束を高め、さらには経費節減を進めていこうという狙いです（中略）無理して飲んだ盃が原因で禍根を残すくらいなら、本当に惚れた人についていけるよう組織として配慮していく、ということ」（二〇一八年三月二二日配信）

この幹部がいう「縁のある者を頼り、気心の合う者同士、地域ごとにやりなおしたらいい」というもっともな組織のあり方は皮肉にも、離合集散を繰り返してすっかりローカル化した現在の反六代目勢力にもあてはまるように見えるのです。

思えば、組を構える地名から山口春吉初代は「西出の親分」、二代目の登は「切戸の親分」と称され、地域のひとびとから何かにつけ頼りにされていた時代もあったのです。

対外膨張志向の強かった田岡すら、その振り出し時代には「新開地の親分」と親しまれたものでした。

前掲『山口組壊滅史』に印象的な記述があります。少し長くなりますが、引用します。

「田岡は、『クマ』と言われたように凶暴性を有するが、ある意味では同時にきわめて頭脳明敏かつ細心であったといわざるを得ない。神戸の山口組を日本の山口組とするための方針を、田岡はよくよく考えたものと思われる。家の貧しさゆえに苦労してきた田岡が、最も重要であると決定したのは『資金源の確保』と『組織の団結』の2点であった。

これは、山口組百年の大計（傍点、筆者）に最もふさわしい基本方針であったと言えよう。事実そのとおりになったのだから」

当局をして、万感の思いでそう嘆息させた山口組の「基本方針」は、創立百年目に見舞われた「離反騒動」という未曾有の危機と「暴排」の嵐によって、足元から揺らいでいるようにみえます。その遺産は今後の百年で食いつぶされていくのでしょうか（造反を首謀した親分衆には、自分たちが生きている五年、十年先まで組織が存続すればことたりる、との思いも透けて見えるだけに）。

組織内の格差が広がり、相対的に組員が窮民化している現在、底辺の荷揚げ労働者が結束して立ち上がった山口組結成の原点にあった、身内の「相互扶助」がますます必要とされるはずですが……。

司氏の唱える「進化」――それはある種の〝撤退論〟にも聞こえますが――その成否が問われるのは、まだ先のことになりそうです。

国家権力は山口組を壊滅できるか

読者の中には、警察はなぜ山口組を潰さないのか、と考える向きもあるでしょう。しかし、当局が本気を出せばヤクザ組織は潰れます。

それは、市民への危害が相次いだことで、ヤクザ組織で唯一、暴対法による「危険集団」（特定危険指定暴力団）の烙印を押された「工藤會」（北九州市）がその後、どうなったかである程度は察しがつきます。

「修羅の国」と呼ばれた北九州で、山口組以上の鉄の結束を誇った工藤會トップである野村悟総裁とナンバー2が複数の市民襲撃事件をめぐって、殺人（及び組織的な殺人未遂）の容疑で二〇一四年に逮捕され、二一年に福岡地裁は野村総裁に死刑を言い渡しました。

　ヤクザ組織のトップが極刑の判決を受けるのはもちろん初めてのことで、ナンバー2と3も無期懲役の判決を下されました。トップからナンバー3が一挙に不在となり、組織は一時的に機能不全に陥ります。

　行事のたびに四〇〇人の組員が集結していた鉄の要塞「工藤會館」は、（公安委員会の）使用制限命令を受け、その後、売却・解体されました。わずか一五年前（二〇〇八年）に一二〇〇人を擁した勢力は、八割も減って二三〇人（二〇二三年末）へと激減。警察庁の肝煎りで、捜査・司法・行政が一体となって二〇一四年に開始された「工藤會壊滅作戦」の劇的な成果でした。

　その後も、組織幹部の「餃子の王将」社長射殺事件への関与が疑われるなど、工藤會への社会的関心は高いのですが、それでも「壊滅した」とは寡聞にして聞きません。

　当局から集中砲火を浴びせられ、マスコミや社会から蛇蝎《だかつ》のように忌み嫌われても、「ヤクザでしか生きられない」一定の層は残ります。地下茎のように根を張る「資金源」も、小規模の組員を維持できる程度には残っているのでしょう（意外にも、首都東京にも面倒を見ている業者がいると聞きます）。

分裂抗争中であっても「公の場所で喧嘩やトラブルを起こすな」と傘下に再三注意している山口組を、「危険集団」のレッテルを貼られた工藤會と同一視はできません。

ただ、過去には、不動産ブローカー殺害事件で幹部の関与が認定された後藤組を、警視庁が内偵視察対象に定めたことはあります。

すでに述べたように、警察庁は、司組長、髙山若頭の出身母体である弘道会を名指しして「壊滅作戦」を発動しています。

飲食店からの「みかじめ料」徴収に切り込み、受け取った組織だけでなく支払った経営者をも罰する（ことをちらつかせる）などして両者の関係に楔を打ち込む一方、息のかかった風俗店グループなど主だった「共生者」たちを軒並み取り締まりました。結果、地域密着度では北九州にも劣らないとみられた後援者（スポンサー、警察用語でいう「資金源」）は、大きな打撃を受けました。

その影響で、盛時には組員数千人といわれた勢力も減少を余儀なくされ、追い詰められた素行不良の組員が組織から「処分」を受け、放逐される例が後をたちません。それでも、依然として弘道会が六代目山口組の中核組織であることに変わりはないのです。司組長が全組員に「難局の中にこそ希望がある」と訓示したように、取締り包囲網のなかにあって、経済活動も含めて組織を「進化」させているのかもしれません。

完全な壊滅には至らないまでも、当局側の輝かしい勝利に終わった工藤會の成功体験に味をしめて、山口組がその壊滅ターゲットになる可能性は十分過ぎるほどありますが、「半グレ」集団とちがって、登録会員や指揮系統のはっきりした「目にみえる集団」である結社を残したほうが、治安を担う警察にとってもコントロールしやすく、メリットが優ると判断されるなら、そうはならないかもしれません。

バブル景気当時、アメリカ企業の市場参入の障壁として山口組をはじめとする日本のヤクザがやり玉に挙げられ、その意を汲んだ捜査・司法当局によって暴対法が成立したとも言われますが、このときは暴力団の存続を前提にした立法措置でした。当局が主導する現在の暴排社会は、憲法上の根拠いかんにかかわらず、暴力団員の生活権を否定しています。「ヤクザになる自由」も認めないと言っているに等しく、山口組を含めて暴力団は今後、結社の「看板」と役職者だけが「家元」と「師範代」のように残り、「そして誰もいなくなった」となる可能性も予想されます。

それでも現在話題となっている特殊詐欺・強盗集団のような犯罪集団が世に絶えると

は考えにくく、当局とも相応の関係を結んで裏社会を統べてきたヤクザ集団が壊滅した近未来の裏社会で、「半グレ」のような得体のわからぬ「怪物」が台頭していたとしても、もう後戻りはできないでしょう。

すでに「賽は投げられた」のです。

第四章　六代目山口組vs.神戸山口組　大動乱の深層

「弘道会支配」への弾劾状

一世紀の歴史を誇る山口組は、なぜ分裂したのでしょうか。

二〇一五年の分裂直後、「神戸山口組」が業界に配布した文書と幹部が週刊誌に語った内幕などによると、司六代目の出身母体である三代目弘道会（名古屋）による人事や組運営の壟断《ろうだん》、強引な会費集めなど「弘道会支配」に対する不満に加え、司六代目が本家を名古屋に移転させようとするなど、山口組の伝統に泥を塗る非道が目に余るので、「本来の山口組の原点に戻るため、やむなく六代目山口組を離脱した」のだとしています。

代々の正統を継ぐ組織は唯一無二と考える六代目山口組は、勝手に離反して出て行った組長たちがつくった組織は「山口組」の名に値せず、「逆賊」「謀叛組」とか「アイツら」と呼んでいますが、ここでは以下、「神戸」という名称を使います。

文書には大事なポイントがいくつかありますので、原文に沿って紹介しましょう。

「御挨拶」と題されて「平成二十七年八月吉日」付で発送された文書は、差出人が「神戸山口組組長　井上邦雄　舎弟一同　若中一同」となっていました。新組織の名称「神戸山口組」が初めて公式に発表されたこの文書は、山口組の歴史を紐解く一文から始まっています。

「山口組創立百周年式典も慶事に終り初代山口春吉親分始め五代目渡辺芳則親分まで幾多の苦難を乗りこえ現山口組を築かれ　特に**山口組三代目田岡一雄親分**に於かれましては敗戦直後の最も厳しい中　官憲の重圧にも屈する事なく現山口組の礎をつくられた偉大な親分であります」

その年一月、司六代目の誕生日に盛大に開催された「創立百周年祭」から筆を起こし、山口組百年の歴史を築いてきた歴代親分、なかでも中興の祖と呼ばれた田岡三代目への尊崇と敬愛を冒頭で語っています。

そこまでは、田岡への信奉厚く、三代目時代への「原点回帰」を強く打ち出してきた司組長の姿勢と変わるところはありません。ところが、現六代目体制への評価となると、声明文の調子は一転します。

「此に来て我ら同志一同の者相寄り如何にすればこの歴史と伝統ある山口組を未来永劫に残す事が出来るか協議を致したる結果　現山口組六代目親分に於かれては表面のみの「温故知新」であり中身にあっては利己主義甚だしく　歴代親分　特に三代目親分の意を冒瀆する行為多々あり」

司組長が創立百年を迎えるにあたり、傘下組員に組のあるべき姿勢を示す「指針」としたのが四字熟語の「温故知新」でしたが、それが看板だけのものであると舌鋒鋭く批判。その実情は、組織の「和」を何より重視した田岡三代目の精神に反する、と弾劾しているのです。

「和」を乱したのはどちらなのかはさておき、離脱にいたった核心について、「神戸」の訴えに耳を傾けましょう。

「此の儘　見て見ぬふりで見過ごしにする事は　伝統ある**山口組**を自滅に導く行為以外考えられず我ら有志一同の者　任俠道の本分に回帰致し歴代山口組親分の意を遵守する為　六代目山口組を離脱致し　新たなる「**神戸山口組**」を発足し歴代親分の訓育と魂魄を忘失する事なく心機一転肝刻致し新しい神戸山口組に身命を賭す覚悟であります」

山口組が本来のあるべき姿を取り戻すには、「歴代山口組親分の意を遵守」し、山口組の原点に回帰することが不可欠で、伝統ある山口組を末永く持続させるための〝やむにやまれぬ決起〟であったとの「叛逆宣言」です。

文末に、「御諸賢各位に於かれましては何卒我々有志一同の心衷御察し」と、決起した有志の「心衷」なる言葉が記されていたのも、六代目山口組との〝決別〟が、離脱した親分たちにとって苦渋の決断だったと訴えているのです。

新組織結成にいたる宣誓を高らかに掲げた「神戸」側の組長たちの「志」ですが、傘下組織や山口組に残留した組織の組員たちは複雑な思いで受け止めたようです。それは、声明文にある「利己主義甚だしく　歴代親分　特に三代目親分の意を冒瀆する行為多々あり」という核心部分が具体的に語られていないためでもありました。

新団体のトップに担がれた井上組長（山健組四代目）は、発足の会合で集まった同志メンバーを前に、みずからの行為が司六代目への「背信」そのものであり、それでも自分たちは立ち上がらなくてはならなかったのだと涙ながらに訴えたそうですが、多くの若い衆にとっては寝耳に水の「お家騒動」に映ったというのが実情でした。

「六代目」のしたたかな反論

「神戸」側の弾劾に、「六代目」側はどう反論しているのでしょうか。

六代目山口組も傘下に配布した文書や機関紙で、これまで六代目体制を支えてきた執行部（企業でいえば取締役会にあたる）の責任ある人物が、なぜ組織改革の要望を具申せず、（ヤクザの世界では絶対不可侵とされる）親子や兄舎弟の「盃」に背いて組を割って出たのか、と離脱組の真意をいぶかしむ一方で、これはヤクザ社会の根幹を揺るがす「大罪」だと厳しく批判しました（「盃」を反故にした彼らの造反がなぜ「大罪」にあたるのかはあとで解説します）。

分裂直後に開かれた「六代目」の緊急会合では、参集した直参（直系組長）に直接配布された一枚の紙がひときわ参加者の目を引きました。それは、六代目山口組にとって最大の内紛に見舞われた司組長が配下に向かってその胸中を告げる、きわめて異例といえる〝激アツ〟メッセージでした。

司組長は会合の前日、先人の眠る神戸市内の霊園を参拝したことをまず報告します。突然の墓参は、山口組分裂という異常事態を招いたことを先人に深く詫びるためであり、とくに、長く山口組の保守本流とされてきた山健組の山本健一初代、四代目、五代目体制で組織運営の中心となった宅見勝若頭（宅見組初代）の名が刻まれた組慰霊塔の前に立った時は、ただただ「頭を垂れるのみ」であったそうです。

先人たちへの深謝の意は、造反組への指弾に転じます。以下、原文から引用します。

「山口組はこの百年、想像を絶する苦難と試練に直面したが、その都度先人の知恵と行動でこの危機を乗り越えてきた。過ぐる日々、山口組には内紛、離脱、分裂等を繰り返して成長してきたその過程の中で、有能な多くの人材を失ってきた歴史の反省と学習があった。人は誰も学習能力がある。彼らはその体験者であるのにもかかわらず、学習能力と反省が無いのかと思うと残念でならない」

「彼ら」とはいうまでもなく、離反騒動の張本人たちを指します。

「我々は先の分裂（＝「山一抗争」のこと）で数多くの尊い命を亡くしたし、その時の献身で今尚、獄にあって苦労されている若者が多くいる。このような分裂行為がある事に対し、弁解の言葉が無いが、これも私の不徳と致すところであり、彼らに申し訳ない気持で一杯である」

過去の負の教訓にもかかわらず、再び分裂が繰り返されたことへの静かな義憤が伝わってきます。司組長にとっても寝耳に水の暴挙と感じられたでしょう。ただ、統率者として怒髪天を衝いても、それだけでは周囲が引いてしまいます。むしろ率直な反省とともに、為すべきことを自覚していたようにも見受けられます。

離脱者への「労い」の言葉がそれで、「罪のない若い者」から相談があれば非を咎めず寛容に受けいれるように、という〝大人の対応〟。そこには、一家の長としての鷹揚さが漂っていました。一見、寛大に映るこの姿勢が「六代目」が造反組織の配下に属する若者を「切り崩し」、自らの組織に奪還するための指針となっていきます。

かねてから「難局の中にこそ希望がある」との持論を掲げてきた司組長は、ここでも「今回の不幸も新生山口組の時代の始まりととらえ、公私共に柔軟に対応し『道なき道を歩く』』、道を切り開くんだという心意気で前向きに歩むことを望む」と訓令し、身内にとって驚天動地の事態が起きたことでわき起こる動揺を最小限に鎮めようとしたのです。

文中には「軽挙妄動を慎み」という表現もあり、この頃、当局とマスコミが一体となって分裂抗争の再来を煽り立てていたことへの危機感が表れていました。

檄文の末尾で、先代の渡辺芳則五代目姐、宅見初代姐をはじめとする関係者に司組長みずから「不徳と遺憾の意」を伝えたと書き添えられていたことにも、隠されたメッセージが込められていたようです。

司組長が所縁《ゆかり》ある関係先に足を運び、先人の霊前に額ずいて謝意を表しながら、一部の遺族から、脱退したとはいえ、とくに伝統ある組織の名跡を六代目山口組の中に残してほしいとの意向を伝えられたと、さりげなく伝えているからです。それは山健組や宅見組など造反の中心となった組織のご先祖筋からも「憂慮」の念が告げられているとほのめかすことで、どちらに山口組の正統性があるかを暗に訴えているのです。

つまり、「神戸」が「歴代山口組親分の意を遵守する」ことを脱退の大義としたのに対して、理念という土俵上で泥仕合を演じるのを回避しようとしたとも言えます。

ともあれ、神聖不可侵である司組長が、人間くささや体温が感じられる率直な言葉で胸中を伝えたことは、「六代目」に残った若者にとっても驚きでした。

さる「六代目」幹部は『週刊新潮』誌上でこう主張しました。

「山口組を含め、この業界では、一切の権利、一切の縄張りは親分のモン。先代と代替わりした時には、先代のカマドの灰まで当代のモンなんです。山口組の親分は、ええモンも悪いモンも全部引き継ぐ。その親分に白い物を黒や言われても、それは認める言うて我々、盃飲んどるんです。そんな大事な盃をほったらかしにして出るなんて、絶対にやってはならん。彼らには山口組を名乗る資格はない」（二〇一五年一〇月一日号）

そうした「スジ目」を反故にしたはずの神戸山口組トップ・井上組長がみずから後継者に託したはずの山健組の資産（不動産）をめぐって、「カマドの灰まで先代のもの」と所有権を主張して後継者（現組長）側と骨肉の争いを繰り広げることになるのですから、世の中分かりません。

ヤクザにとっての「盃」の重さ

ヤクザ組織は、親子、兄弟という擬似的な血縁関係を根幹として成り立っています。親に対して子は絶対の忠誠を誓うのが基本です。組織ナンバー2の若頭（若い者頭、子の中で言えば長男）といえども親に歯向かうことはできませんし、子が親の方針についていけない、従えないなら「盃」を返して堅気になるよりありません。その際、組織から「除籍」「破門」「絶縁」などの処分を下されるのが通例です。

子が親を勘当できないのと同じで、ヤクザの世界の掟に従うなら、親分に不服で我慢できないのであればヤクザをやめるよりないのです。

その点で「神戸」の離脱は、司六代目との盃を交わしたまま〝血縁〟を一方的に反故にして、子らだけで仲間内から勝手に親分を選び、断りなく「山口組」という看板を使い続けるという背信行為になります。ヤクザ社会で「逆盃」と呼ばれる大罪と言われても反論しにくい行為でした。

そうした不都合を自覚してか、「神戸」側はメディアを利用して、さかんに「六代目」批判の礫《つぶて》を投げつけました。「神戸」には、山一抗争や数々の抗争をかいくぐってきた老練な組長が多く、端的に言って広報・情宣活動では「六代目」より一枚上手でした。

彼ら曰く、「(司六代目の出身母体である)弘道会の一強支配」「度を越した金銭の吸い上げ」「親分が進言、諫言を聞かない」などというもので、彼らにとって切実な順で並べれば、「金銭の吸い上げが度を越えている」→「それは司親分と弘道会ひとりを太らせている」→「あるべき正道に戻すための進言を親分が聞こうとしない」となるでしょう。

煎じ詰めれば、「親分が親分らしいことをしないのなら、子分も親を親と思う必要はない」という理屈になります。世間的にはもっとものように聞こえますし、分裂当初は世論も「暴君の圧政に忍従してきた家臣たちの決起」というふんわりしたイメージを抱かされ、「神戸」の「義挙」に同情的でした。

それにしても、大罪を犯して絶縁された「神戸」側の親分たちはなぜヤクザ社会から追放されないのでしょうか。

「神戸」には、山健組や宅見組など山口組の屋台骨を支えてきた名門組織が少なくありません。「神戸」側の有力な親分と個人的に兄弟づきあいしている他団体もあります。「神戸」側がヤクザ社会から完全にパージされず、半ば公然と「つきあい」が維持されたのは、親子や兄弟の「盃」、「後見」などの関係の有無にかかわらず、代紋を超えた親分同士の個人的な関係がことのほか重視される業界の慣習ゆえだったといえるでしょう。

弘道会「一強」の功罪

なぜ弘道会ひとりが名指しされるほど憎悪の対象となったのでしょう。

司氏が組長となり六代目体制を発足させると、弘道会の高山清司会長が若頭に就任。組織のトップとナンバー2が同じ組織から選出されたのも、山口組発祥の地である関西圏以外の組織からトップが生まれたのも、山口組の歴史始まって以来のことでした。

それ以前、田岡三代目から渡辺五代目までは山健組が保守本流と呼ばれていました。山健組は田岡三代目の腹心だった山本健一若頭が興した組織です。山本初代の死後、生前に山本初代の信任をえて神輿《みこし》に担がれた竹中四代目を経て、山健組の名跡を受け継ぐ渡辺芳則組長が世に名高い「山一抗争」を勝利に導き、五代目時代が到来しました。山健組が山口組の「保守本流」といわれるのはこうした歴史があるからで、五代目時代には「山健組なくして山口組なし」といわれるほどの栄華を極めます。

その渡辺五代目が降板し、周囲に推されて後釜に座ったのが弘道会を率いる司氏でした。六代目体制発足直後から、相対的に本流から傍流に追いやられることになった山健組と、「錦の御旗」である司組長、その右腕の高山若頭という二枚看板の後ろ盾となったことで我が世の春を迎える弘道会との間には、見えざる分裂の火種が燻《くすぶ》っていたのです。

とすれば、「弘道会支配」という「神戸」側の批判は的を射ているのかと言えば、そう単純なものではないようです。トップとナンバー2が弘道会から出ているのは事実ですが、それをもって、弘道会の専横だと言いきれるかは疑問です。

財界の経営者や永田町の政治の世界をみてもそうであるように、派閥や序列順送りでトップが公平に交代していくほうがむしろ稀です。自民党なら清和会のような強い派閥から総理総裁が輩出するようなものです。

司氏の服役中に采配を振った腹心の高山氏が、自分の意に沿う人物だけを取り立てるという〝えこひいき〟を「神戸」側は激しく論難しますが、そう主張している「神戸」の重鎮たちもほとんどは「六代目」執行部に取り立てられて〝政治《まつりごと》〟に参画したことのある親分ばかりですから、「人事で冷や飯を食わされていた」という印象からはほど遠いようです。

むしろ髙山氏が弘道会の後継者として信頼を置く竹内照明会長を、執行部のメンバーに短期間で引き上げたことから、非主流派となっていた親分衆は、「司」→「髙山」→「竹内」と、弘道会の政権が三代、あるいは永久に続くのでは、と思い込んだのかもしれません。

もともと非主流派には発言権や資金力のある有力な組織が多くあります。山健組や宅見組という主だった有力組織や重鎮の親分衆が抜けてしまったことで、「六代目」側では否応なく「弘道会の指導力で危機を乗り切るしかない」という暗黙の合意が形成されることになったのは皮肉なものです。

抗争の潮目を変えた暗殺劇

分裂当時、「神戸」側は「山口組を本来の姿に正し、誤りを認めさせたうえで、本家

（六代目山口組の総本部を指す）に戻る」と会合の席で主張していました。

他方、「六代目」側は謀叛の動きを察知するや、新組織旗揚げの直前に離脱した一三人の直参にそれぞれ「絶縁」「破門」といって、二度と山口組に復帰することを許さない厳正な処分を言い渡しています。

したがって、彼らの言う「改革」が成って「本家」に戻るためには、「六代目」が下した処分を取り消してもらう必要があります。

ところが山口組百年の歴史上、草創期の過渡期をのぞけば、一度出した「処分」が覆ったことは皆無と言われています。そんなことは百も承知で「改革」の旗印のもとに結集した「神戸」の親分衆に対しては、日本人に特有の判官贔屓もあってか当初、世間の評判はなかなか同情的でした。

おそらくですが、「神戸」が謀議で思い描いた青写真では、分裂からそれほど間を置かず、もう二〇団体程度が雪崩を打って同調すると楽観していた節があります。そうなれば「神戸」側は、「六代目」体制を支えながら謀叛を首謀した中枢幹部（四人）を筆頭に、直参の総数のうえでも「六代目」と互角以上の勢力となることが見込まれていたのです。

実際には、その後「六代目」から切り崩され、「神戸」に加盟したのは数団体にとどまりました。

やむなく「神戸」はかつて「六代目」から処分されたり、すでに引退して堅気になっていた元親分にも声をかけ、あらためて井上組長の盃を与え「神戸」の仲間に加えるという奇策に打って出ます。「神戸」に復帰した元組長の中には、東京の歌舞伎町や六本木などで盛名が聞かれた太田守正元組長もいたことは業界で話題を呼びました。なぜなら太田氏は離反騒動直前に『血別』を上梓し、六代目体制の不満分子の内情を暴露するとともに、引退しても変わらない司組長への忠誠の念を語ったばかりだったからです。

ともあれ、直参の陣容はテコ入れされた「神戸」ですが、二〇一六年に当時、名目上ナンバー3にあたる「舎弟頭」の地位にあった池田孝志組長率いる池田組の若頭が、「六代目」に暗殺されたことから潮目が変わりました。

ヤクザの世界では、「やられたらやり返す」のが正義とされ、相当地位の高い幹部の命が奪われた以上、反撃して帳尻をあわせる必要が生じます。

分裂直後からそれまでも、双方の勢力の間で、各地の繁華街での練り歩きや小競り合い、組事務所への示威行動、車両による特攻攻撃など事件が頻発していましたが、ヒットマンによる暗殺は次元が違います。

「神戸」は結成当初から「われわれは喧嘩するために組織を出たのではない」と主張していました。これには、「六代目」にいた頃は身内だった元同志に向けて、無益な争いで血を流す必要はない、むしろ「神戸」の訴えに共感し、内部で奮起して改革に立ち上がってほしい、との期待が込められていたと思われます。

と同時に、所属組織の方針に従って「神戸」に籍を移した傘下の組員から「いつ戻れるのか」とつきあげる声があったのも事実でしょう。

ただ、数発の銃声がこの期待を裏切ります。抗争が勃発し身内の血が流れたことで、彼らの改革が成就して「本家」に戻る構想など、夢物語でしかないことが明らかになったのです。以前から「神戸」は「万が一、われわれの血が流れるような事件が起きれば、敵は警察に潰される」と警告していましたが、それでも「六代目」の本気を阻むことはできない相談でした。

同じ二〇一六年に、JR新神戸駅構内で起きた「サイン事件」も、「神戸」傘下組員のやる気を挫《くじ》くのに十分な珍事でした。名古屋から新幹線で神戸入りした司組長に色紙とペンを手にした山健組傘下の組員数十人が「サイン、くださーい」と大声をあげて挑発したのです。幸い、騒ぎに巻き込まれる前に司組長は駅をあとにしたためことなきを得たのですが、あわや大乱闘を引き起こしてもおかしくない〝事件〟でした。「神戸は俺たちの地元や」と言いたかったのかもしれませんが、組を割ったからといって元の親分の顔に泥を塗るような行いに走るのは褒められたものではありません。首脳部の思いつきで仕方なく駆り出された組員の中にも「こんな事が山口組の改革となんの関係があるのか……」と頭を抱える人間が多数いたことは、その後の「再分裂」で明らかになります。

再分裂で問われた「造反の大義」

分裂から約二年後、「神戸」の主力団体である山健組の三分の一の組員が離脱して「任俠（団体）山口組」（現・絆會）を結成します。この驚きの展開、いわば「再分裂」が起きると、また潮目が変わります。

「改革」の大義を掲げた「神戸」の内部から離脱した一派が会見を開き、今度は「神戸」トップの井上邦雄組長を名指しして、「六代目以上の悪政」「改革は建前だけの詐欺に等しい」と酷評したのです。美辞麗句を並べた分裂の動機が「私利私欲にすぎない」

と「神戸」結成の大義をこき下ろしたのですから、今度は「神戸」にとって驚天動地の事態です。

古巣の「神戸」に反旗を翻して「真の改革」「第三の道」の旗を掲げて離脱した一派の首領は、「神戸」内で若頭代行を担い、八面六臂《はちめんろっぴ》の活躍をみせた織田絆誠《よしのり》氏でした。「脱反社」を掲げ、親子の盃を交わさず横並びの親睦団体を目指すと訴えた織田氏は、たちまち業界の風雲児として脚光を浴びます。その内部告発は強烈なインパクトを与えました。

ただ、唐突に見えた「再分裂」の背景には、「神戸」の内紛があったようです。「神戸」首脳陣（池田舎弟頭、入江副組長）には、指導者として力量に疑問符のつく井上邦雄組長に代えて、若手に人望のある織田若頭代行を名実ともに「神戸」のニューリーダーとして前面に押し出したい思惑があり、それを快く思わない井上組長との暗闘が抜き差しならなくなり、結果的に織田一派が離脱せざるをえなくなった、という面があったといわれます。

これに対して「神戸」は、再分裂で動揺する傘下組員を引きとめる意図から「終生、六代目には戻らない」と宣言します。いわば永久決別宣言です。

所属組織の親分に付き従って「神戸」に籍を移した若者の多くは、「いずれは本家という大樹の下に戻れるだろう」とそれとなく思っていたはずで、けっして歓迎すべき事態ではなかったでしょう。外見上は「独立を守り抜く」という闘争継続宣言なのですが、誤りを正して本家に戻る、という当初の目的からはいささか後退した感がいなめず、末端組員からは「変節」と映ったかもしれません。

それは、この時期（二〇一七〜一八年）のわずか一年足らずの間に、「神戸」など離反組から「六代目」側に六〇〇人前後もの移籍（「六代目」側から見れば、本籍への「復帰」と称されます）が確認されたことからもうかがえます。

同時に「神戸」の首脳は、「敵は六代目全体ではない。六代目を支配する弘道会だけだ」と宣言し、「六代目」内部の不和を煽ろうとしますが、一度、組織原理が空洞化した「神戸」が再び求心力を取り戻すのは容易なことではありません。

井上組長が懐刀として頼りにする山健組の後継者・中田浩司《ひろじ》組長（「神戸」若頭代行）は、会合の席で再三、「どこにも負けない組織作りをする」「六代目山口組には絶対に戻らない」「売られた喧嘩は買う」と、傘下団体に奮起（つまり「六代目」への報復）するよう鼓舞しましたが、「神戸」随一の武闘派とされた組織でさえ、組員のあいだには厭戦気分が広がっていたのです。

前代未聞の「ヒットマンは親分」

分裂はその不在下で起きたことから、「もし彼の服役がなければ分裂は起きなかった」とも囁かれる「六代目」の髙山清司若頭。分裂の行方を左右するキーマンの出所が近づいた二〇一九年秋から翌年にかけて、離反騒動は重大な転換を迎えます。

髙山若頭の出所を目前に、「神戸」側からほぼ初めてとなる報復が行われたのです。神戸市内の弘道会系施設（出所してくる髙山若頭の神戸での滞在拠点でもありました）の前で、部屋住みの組員が銃撃されたのです。この事件で「神戸」側は、「血のバランスシート」の劣勢を多少なりとも回復するポイントを上げました。

ところが、これが思わぬ反動を呼び込むことになります。

傘下の若者を鼓舞し続けていた中田氏が二ヶ月近くもの間、行方をくらましてしまうのです。様々な憶測が流れるなか、その一つにトップの井上組長との不和説がありました。真偽はわかりませんが、なぜ「神戸」の組長と若頭代行のあいだで不協和音が生じたのでしょうか。

やがて警察当局によって、ドラマのような衝撃的な展開がもたらされます。傘下に喧嘩をけしかけていた中田氏自身が、件の銃撃事件の実行犯として当局に逮捕されてしまうのです（起訴後、公判は二〇二三年一一月現在も開かれるに至っていません）。

当局の見方はこうです。「井上組長の意を汲んで配下に報復措置を求めたものの笛ふけど踊らず。業を煮やした司令官（中田氏）自ら実行役を買って出た。その報告を受けた井上組長は、トップにまで累が及ぶ危険を顧みなかったのか、と厳しく叱責（灰皿で殴ったとの説も）。直後に姿をくらましたが、いずれは捜査が身辺に及ぶことを見越しての行動だったのでは……」

足掛け九年に及ぶ分裂で引き起こされた事件の中でも、「山健組の親分自らが体を賭ける」という前代未聞の報復があったのか、なかったのか。謎はいまだ解明されていません。

ただ、こうは言えるでしょう。この事件をきっかけに「神戸」側の瓦解が明らかに目立ちはじめたことです。

高山氏が出所する前後、山健組の本部前で組員二人が取材中のカメラマンに扮したヒットマンに銃殺される事件（ヒットマンが持病で老い先短い高齢者だったことも話題を呼びました)、尼崎の街中で白昼、「神戸」の直参が機関銃の銃弾を浴びせられて即死する事件など、「六代目」からの過激な攻撃が頻発した効果もあり、翌二〇二〇年には、「神戸」から櫛の歯が欠けるように有力組織の脱落が相次ぐのです。

その中には、分裂の最大の立役者と評される池田組の池田孝志最高顧問(離脱後は独立組織として活動)や、正木組・正木年男舎弟(引退、解散)もいました。しかし、最大のポイントは、井上組長にとっては唯一無二の親衛隊であるはずの山健組が、勾留中の中田組長の指示によって「神戸」から離脱してしまったことでしょう。

前述の通り、「神戸」の首謀者は、「六代目の悪政」に苦しむ若者の将来のために改革に立ち上がったと訴えました。それが、当の若者たちの「再分裂」騒ぎにより「大型分裂詐欺」とまで酷評され、本来の「大義」に疑問符がつきました。

それでも、もともと自他共に認める山口組の保守本流とされる山健組が「神戸」にとどまっていることで、かろうじて結成の面目が保たれていました。繰り返しになりますが、山健組をつくった山本健一初代は、そのカリスマ性で山口組を日本最大組織に導いた田岡の腹心であり、山本初代が目をかけた主流派の中から四代目、五代目と歴代組長が誕生しています。

ところが、「謀叛」を正当化する拠り所であり、いわば「ご神体」ともいえる組織が離脱してしまったのですから、驚くなというのが無理というものです。トップの井上組長は、自らの忠実な部下で対「六代目」への斬り込み隊長格だった織田絆誠氏、中田浩司氏という二人の側近から背を向けられた格好で、その指導力に改めて大きな疑問符が突きつけられました。

「代紋力」の天地の差

抗争の趨勢《すうせい》は誰の目にも明らかになってきましたが、両者の違いはやはり「代紋」に秘められた潜在力に象徴されるとも言えそうです。

先述のように、「六代目」は創立以来百十年近い歴史において、田岡一雄の合理的な経営方針もあり、軍団と企業舎弟と呼ばれる実業の社長たちに組織を二分して担わせ、その経営資源をバックに全国各地で抗争を繰り広げます。

いわば全国チェーンのフランチャイズ方式に似て、傘下支店を広域に有する巨大組織に成長しましたが、その過程では多くの若者の血が流され、全てを合計すれば千年ではきかないほどの懲役という、気の遠くなるほど多大な代償を払いました。

前出の山之内幸夫氏は自著で「血で磨かれた代紋」と表現していますが、至言だと思われます。山口組の「代紋力」は、言うなれば若者たちの血で贖《あがな》われてきたわけです。漢字の「山」と「口」を重ね合わせたデザインに由来するとされる代紋のブランド力、その暴力性を背景とする威嚇力と威圧感は他を圧するものがあります。

「菱の代紋という（業界きっての）プラチナブランドを正しく運用して次世代に受け渡すことが歴代の組長の最大の仕事」というのも、頷ける話です。ブランドが魅力的であるほど、所属する組織への忠誠心が生まれることになります。司組長は現在、そのブランドを身内の「公益」のために一時的に預かっているというイメージが実態に近いでしょうか。

これに対して、「神戸」の代紋は同じ菱形を使用してはいても、わずか十年にも満たない重みしかないのは致し方ないことです。「六代目」の改革という目的がある程度達成されたら潔く引退するとか、子分を返すとか、具体的な達成目標でもあればよかったのでしょうが、いまでは「存続すること自体が六代目に反省を促す意義がある」と宗旨替えをしており、何を目指しているのか、いまひとつ判然としません。

客観的に外形だけをみれば、井上組長は「六代目」に反旗を翻したものの同調者が次々に離れていき、それでも城に立てこもっているように見えなくもありません。ただ、前項でふれたように一度組織原理が揺らいでしまうと、若い衆を親分（と所属団体）のもとにつなぎとめる求心力を回復するのは簡単ではないでしょう。

なぜ分裂抗争は終わらないか

そうした状況でもなお、分裂抗争が終わらない理由は何なのでしょうか。

直近で発生した大規模な抗争劇で参考になる事例があります。福岡県に本部を置く道仁会（久留米市）と九州誠道会（大牟田市、現・浪川会）の抗争は、もともと身内同士による骨肉の争いという点で、山口組の分裂抗争と似ています。

発端は、道仁会の先代会長（松尾誠次郎二代目会長）の引退に伴う跡目争いでした。後継指名をめぐって内紛が起こり、二〇〇六年、反主流派が分裂して九州誠道会を旗揚げします。翌年、道仁会の後継者（大中義久三代目会長）が九州誠道会幹部によって射殺されたことでのっぴきならない抗争になり、以降、二〇一三年に終結するまでに双方の間で四七件もの抗争事件が発生。マシンガンや手榴弾まで使用され、計一四人が死亡するという過激さでした。

抗争激化に肝を潰した捜査当局がとったのは、対立の舞台となった福岡県などの公安委員会に働きかけ、同地域内に「警戒区域」を設定、区域内での組事務所への出入りや、組員が五人以上集まることを禁じる（確認されたら即逮捕）「特定抗争指定暴力団」に両団体を指定する措置でした。これが山口組の分裂抗争においても踏襲され、二〇二〇年に「六代目」「神戸」、さらに「池田組」などが指定を受けています。

お上の圧力と早期の沈静化を願うヤクザ業界の暗黙の空気を受けて、二〇一三年、九州誠道会が「これ以上、世間を騒乱させることは本意ではない」として、久留米署に解散届を提出。これを受けて道仁会も、「現状事態の収束に至ることと決定致しました」と宣誓書を提出し、ようやく両者の抗争に終止符が打たれます。

跡目争いの発端から八年にわたる長期戦で、多くの人命が失われたことは山口組の分裂抗争も似ていますが、大きく異なる点があります。

一つは、九州の抗争では本家（道仁会）から出ていった側（誠道会）が本家の跡目を射殺するなど過激な武力行使を繰り返しましたが、「六代目」から出ていった「神戸」は反撃らしい反撃（報復）をほとんど見せていないことです。

「山口組を本来の姿に正す」のが目的で、「喧嘩をするために出たのではない」という建前もありますが、それより当初一三人だけの親分衆で急拵えに旗揚げされた「神戸」が、果たして「抗争で体を賭けるに値する」組織（代紋）だと信じていいものか、親分に付き従って「六代目」を出た組員たちも半信半疑だったことが大きな理由でしょう。

端的に言うと、組織のために血を流したとして、長い服役から社会復帰するまでの間、残してきた家族への待遇は大丈夫か、そもそも出所したときに所属組織が存続しているのかは大いに不安です。その点では、組織への信頼度の違いが「六代目」の一方的な攻勢と「神戸」の守勢という明暗を際立たせることになります。

九州の抗争では双方の間で度重なる流血事件が起こり、継戦に多大な代償を支払ったがゆえに、当事者の間に厭戦から終戦へのムードがもたらされ、ついには水面下での和議から終結に至ったという事情がありました。ボクシングに喩えるなら、双方がハードパンチの応酬を繰り返した末にレフェリーストップ、というのに似ています。

ただ、「神戸」を中心とした反六代目勢力が一向に報復に動かないのでは、「六代目」も戦意のボルテージを保つことすら難しく、膠着《こうちゃく》状態がだらだら続きがちです。

二つ目は、少し専門的な解説になりますが、九州ヤクザの喧嘩の場合、同門の非主流派が、主流派が推した後継者と「親子」の盃を交わすことを不服としてこれを拒否、その上で新団体を立ち上げて出て行った点です。

一方、山口組の分裂では司組長と「親子」や「兄舎弟」の盃を受けていた一三人の直参がその盃を一方的に否定して、新団体を立ち上げた点が大きく異なります（子どもの側から親を勘当するに等しく、業界ではあってはならないタブーとされることは前に説明したとおりです）。したがって、「六代目」に対して「神戸」が新団体だといっても、ヤクザ業界ではあくまでも山口組の身内同士の「兄弟喧嘩」に相当しますから、骨肉の争いの仲裁にはどこも入りにくいのです。

かつて史上最大の抗争となった山一抗争では、出て行った一和会は山口組の猛攻と激しい切り崩しにあい、最終的に弱体化して業界からそっぽを向かれ、稲川会、会津小鉄会の取りなしもあって白旗を上げました。ところが、「六代目」から出ていった親分たちは、「神戸」にせよ、そこから独立した人たちにせよ、業界では孤立して支援者がひと握りになったとしても、しぶとく組を存続させています。

組織的な交際や支援がなくなったとしても、自分たちの面子と組の領地（シノギ）が温存できれば構わないとしたら、業界全体が「暴排」の強い向かい風を受けるなか、組織をスリム化して「ローカル結社《パーティー》」として生き残りをはかっているようにも見えます。

それは、ヤクザが斜陽産業となった昨今の社会環境下、図らずも時代の半歩先をゆく組織のあり方を体現しているのかもしれません。

造反者たちと髙山若頭、それぞれの真実

「神戸」や元「神戸」の人たちが組を割って出た当初、本音としてよく聞かれた言葉に「去るも地獄、残るも地獄」という名言（？）がありました。

彼らが言うところの「弘道会支配」に耐えるのも苦痛なら、自分たちの掟破りを承知で出ていくのも苦痛だと言いたいのか、当初の印象はそんなものでしたが、今になって彼らの心中を推し測ると、彼らが嫌悪したのは弘道会というより、実質的に組織の運営を差配する髙山清司若頭（の強権政治）、ということに集約されるようです。

実際、造反の中心人物たちから聞こえてきたのは、「（髙山氏の政治は）切り捨て御免だ」という義憤とも怨み節ともつかない声でした。司組長から組織の舵取りを任された髙山若頭の組織運営は、五代目時代まではうってかわって、前述したように「選択と集中」が基本方針となります。

警察当局に付け込まれないようにするため、しっかりした組織を残して、組の会費が

滞るような弱小組織は容赦なく取り潰す――これが、五代目時代までの〝ぬるま湯〟につかっていた直参にとっては、異文化との遭遇、カルチャーショックを通り越して「独裁者」然と映ったのは無理からぬことでした。

司組長の鷹揚さとヤクザとしての一徹さを知り抜いた髙山氏が、五代目時代に横行した五代目秘書グループによる「側近政治」や「政治の私物化」を阻止せんがために、自分以外の執行部メンバーと親分との接触を禁じたことも、執行部の重鎮メンバーから不興を買いました。

髙山氏が直参の資格として重視したのは「経済力」「組員の総数」「組事務所があるか」、そして「若さ」でした。以前なら「本人の器量」(人望)が第一に重視されたのでしょうが、暴力団厳冬の時代には、それだけでは組織が立ち行きません。

逆風のなかでも自活してやっていける経済力、その経済基盤があってこそ多くの食い詰め者を抱えることができ、その中から将来性ある有望な幹部候補も育ってくるというわけです。

組事務所がことのほか重視されたのは、対外的にはそこに領地を所有する一国一城の砦であるだけでなく、社会からはぐれて行き場を失った若者が屯ろできる受け皿となれるかが、組織の人的資源を確保するためには必要とされたからです。

斜陽化が進む業界にあって「少子化」は組織の先細りを招きますから、髙山氏の過剰ともいえる組事務所への執着にも、一理あるといえるでしょう。

「山口組の代紋は歴代のご先祖様からの預かり物」というのが司組長の考え方との趣旨を紹介しましたが、髙山氏の考えもまた組織の永続性を第一義としています。

さる弘道会の古株はこう解説します。

「髙山若頭は分厚い任侠史の事典を読み込む読書家で、記憶力が抜群にいい。任侠史など全国津々浦々の親分や縄張りの沿革に、学者もかくやというほど通暁しています。田岡三代目より山口組を興した春吉初代を尊敬しているともいい、反対勢力が付け焼き刃の知識で反論しても論破されるのがオチ。一方で、信長的な合理主義者でもあり、髙山若頭にしてみれば、山口組の代紋の神通力で城（組事務所）を建てることができたんだから、引退して組を去る際は子孫のためにおいていけ、という理屈です。これが、バブル景気を謳歌した盛時の記憶が抜けきれない親分衆にとっては死活問題になったんですよ」

「切り捨て御免だ」という悲憤の隠された意味はここにあったのです。つまり、髙山氏の采配が続く限り、重鎮の親分たちも遅かれ早かれ御役御免となり、彼らからすれば「丸裸」にされて放り出されるのではないか……かつての栄耀栄華にノスタルジーを捨てさりがたい守旧派の重鎮たちが感じるであろう不安は想像に余りあります。

歴史学者・呉座勇一氏の『武士とは何か』（新潮選書）に、中世武士にとっては首領への忠誠心より「領地と面子」が大事だったと書かれていますが、まさにその「領地と面子」が死活問題となって、造反者を突き動かしたのです。ゆえに、謀叛の真因がやむにやまれぬ公憤からではなく、背に腹代えられぬ私憤だったことは彼らも認めています。

ある首謀者はこう嘆いたものです。

「話に聞けば三代目時代には、腹が減った若い衆は本家事務所に行けば温かい飯が用意され、腹いっぱい食べられた。それが、六代目ではどうだ。直参の付き人も本家には入れない、直参も執行部の部屋には許可なく入れない、執行部といえども本家親分と口を利くことすらできない。我が家のようなぬくもりがあったかつての山口組はどこへいったのか……」

田岡家という絶対君主の庇護のもとで一つ屋根のぬくもりを共にした半世紀近く前と現在の組織を比べるのはムリがありそうですが、彼らの「古き良き時代」への郷愁の思いは理解できます。

ただ、ヤクザが「はぐれ者」の共同体としてまがりなりにも社会に受け入れられていた時代はとうに過ぎ去りました。五代目時代に幹事長と官房長官役を兼ねた岸本才三最高顧問らによれば、渡辺五代目時代は秘書グループであったのちの分裂の首謀者たちが「五代目の意向」を振りかざして組織運営に介入した「悪夢の時代」でした。当時を振り返ったある幹部はいみじくも「執行部が二つあるみたいだった」と証言しているほどです。秘書グループの一人は「渡辺親分には私から話しておきますから」と、公然と口利きビジネスを繰り広げる始末だったとか。

当時を知る幹部が一例を挙げてくれました。

「中部国際空港の前捌《まえさば》き（土地開発と入札調整、近隣住民対策）は名古屋（弘道会）を中心に地元組織と企業ががっちりスクラムを組んでお膳立てができていたんだが、そこへ五代目側近の直参が後から『五代目の意向です』といって割って入ろうとしたんだよ。横紙破りそのものだ。五代目に顔のきく大物の仲介で本人に照会すると『そんなことは頼んでない』というんだな。かつてはその手の専横がごまんとあったみたいだよ」

ほかにも、わざわざ組織名を五代目の名前から一文字もらって改称するほどベッタリだった関東の大物組長なども、あちらこちらで「親分側近ビジネス」に精を出していたことがのちに発覚し、六代目政権を追われています。

ことほどさように、いわゆる側近政治を糾《ただ》すコーポレートガバナンス（企業統治）の正常化、それが新政権の隠された経営理念でした。

「親分との麻雀は厳禁」「告げ口も厳禁」はまだしも「親分への具申はすべて若頭を通せ」と山口組を超縦割り組織に変質させたのが、「統治改革」の張本人である髙山氏でした。ただし、それは理由あってのことでした。五代目時代に、渡辺組長と宅見若頭が目も合わせないほど反目するようになったのも元はといえば、「親分は神輿《みこし》、政治《まつりごと》は若頭の宅見」という政権誕生時の約束に渡辺組長が異を唱えはじめたことに遠因がありました。まさに〝両雄並び立たず〟です。

司組長もそうした経緯をすべて呑み込んで、「親分の統治」を採用せず、これまで阿吽の呼吸で采配を委ねてきた「執権」役の髙山若頭に信託することをよしとしていたのです。

〝スジ〟と〝面子〟の終わりなき対立

たしかに、六代目体制で政権運営に参加できると意気込んでいた守旧派の親分たちは、「親分は神輿、政治はオレに任されている」「オレの言うことは親父の考えだ」と「上官の命令は天皇の大御心」と言わんばかりの髙山氏に敵意を募らせ、臥薪嘗胆を胸に秘めるまでにそれほど時間はかかりませんでした。実際、執行部で決まり組長の承諾をえた人事が、勾留中で出席できなかった髙山氏が「聞いていない」となり、瞬時に撤回されたこともあるようです。造反時に「親分が進言、諫言を聞かない」と彼らが批判したのはこのことを言っているのです。「統制派」と「革新将校」の間で、「玉」の御旗の争奪戦を繰り広げた戦前の二・二六事件をちょっと連想させます。

「俺たちの親は司親分だ。若頭と親子盃を交わした覚えはない」という造反者らの批判も一概にスジ違いと否定できないものでした（司組長は「子の不始末は親の責任。慙愧《ざんき》にたえない」と嘆じたそうですが）。

実は、分裂当初に当時の直参七二人のうち造反者が一三人しか集まらなかった時点で「率直に言って、われわれの負けだ」と首謀者の一人は認めています。ですから、いまなお反六代目の旗を掲げ続けている造反勢力のリーダーたちから聞こえてくるのは喧嘩の勝ち負けですらなく、「髙山がやめれば（離反騒動は）終わる」。つまり、不倶戴天の敵となった髙山氏が引退して「六代目」から去れば、自分たちも引退して、分裂抗争は終わると言っているのです。まさに、「痛み分け」というわけです。

ただ、彼らが離脱当初に難じていたように、髙山氏や弘道会が組織のガンであり、その悪政に苦しむ若者たちの受け皿として立ち上がったのだとしたら、「六代目」から「神戸」に若者が雪崩を打って移ってくるはずですが、実際はそうなりませんでした。組織の規模では一〇対一以上の大差がついてしまった現状では、「若者の将来」という理屈は通用せず、「個人の意地」で対立を続けているとみられてもしかたがないでしょう。

けっして公言はしませんが、髙山若頭の背後に控える弘道会の怖さも彼らが素直に引退できない一因となっているはずです。弘道会が今日の地位を築くまでには、「裏切り者は決して許さない」という粛清の歴史があったとされ、少なくとも造反した首謀者たちはそう信じています。

過去には、山口組を割って出た一和会の親分衆も、山口組トップを継いだばかりの竹中組長の「手打ち破り」も厭わない獰猛さを恐れるあまり、いきなりトップを暗殺の標的に定めたといわれます。それといまの状況はやや似ていて、造反者はみずからが引退しても、いつか必ず敵がケジメ（オトシマエ）を取りに来ると思い込んでいるようです。そうでなくても辞めて堅気になれば、「俺たちはどうしてくれる」と元の配下から責めつぶされる恐れも十分ありえます。

反対に、分裂抗争が終わらない間は、抗争に周辺住民を巻き込まないという名目で警察が彼らを守ってくれますから、終わるに終われないというのが正直なところでしょう。「特定抗争指定（に基づく、警察による首謀者らの自宅警備）が俺たちに有利に働いてる面は確かにある」と、血税で賄われる要人並みの警備態勢への感謝の言葉を漏らす中枢幹部もいます。

逆に言えば、髙山氏が「専制」の非を認めて「スジ」を曲げてでも引退しない限り、あるいは反山口組の首領たちが生きている限り、分裂抗争はいつまでたっても終わらないことになります。

ちなみに、一般的な知名度はいまひとつですが、反六代目組織でもっとも富裕なことで知られるのが岡山の池田組で、東京をはじめ全国に優良不動産を所有することから〝池田不動産〟と称されることも。組員は給料制で、舎宅に住んでいると言われますから、結束力もピカイチです。一代で資産をなした池田孝志組長はヤクザというより実業家として業界で世評高く、「抗争に一年で三億投げても一〇年は闘える」と豪語。持久戦の死命を制するのは経済力と喝破する超合理主義者でもあります。

髙山若頭は別として「司六代目には恨みはなく、申し訳ないことをしたと思っている」とヤクザとしてのスジ論も持ち合わせている「神戸」の井上組長よりも、抗争を投資と考える池田組長はある意味、「六代目」にとって最大の〝強敵〟となっています。

そこで最近、ヤクザ業界で囁かれているのが、八年を超える長期戦の帰趨を決めるのは当事者の「寿命」ではないか、という笑えない話です。司組長、髙山若頭、井上組長をはじめ主要な人物が全員七〇代半ばかそれ以上ですから、あながち冗談ともいいきれません。難病を抱える髙山氏ですが、意外な健康オタクで敵側トップの血糖値にも敏感といわれるほどですし、酒好きの井上組長も節制して自己管理に努めているようなので、当分現役をつづけられそうです。

「うちらがお膳立てして〝一方的終結宣言〟でもせんかぎり、こんなもの永遠に終わらないんじゃないか」と、いささか投げやりな声が当局からも聞こえるほど、展望なき抗争には出口が見えません。

二〇二二年末現在、「六代目」の勢力は八一〇〇人、「神戸」、絆會、池田組など反

「六代目」勢力を合わせても一二〇〇〇人たらずですから、すべて合計しても九三〇〇人程度。分裂前、山口組には二万三四〇〇人の組員がいましたから、ざっと概算すると一万四〇〇〇人余りが組を脱退したことになります。まさに警察当局の一人勝ちというわけで、一般社会にとってもいいことずくめかと言えばそうとも言い切れません。辞めた元組員が順調に社会復帰していれば話は別ですが、組の統制を離れて「野放し」になっただけ、という笑えないオチも考えられます。

暴排の荒波に生息圏が縮減するばかりの現在、「このような内紛をしている場合ではないのである」と司氏も傘下に伝えたメッセージで静かな怒りを表明しています。

何もヤクザらしく「喧嘩で決着（ケジメ）を」などと言うつもりはありませんが、「力こそ正義」だった山口組さえも様変わりするにいたったという意味でも、現在は「異様な時代」なのかもしれません。

おわりに

山口組が創設されて百年を超える歴史をもつことに驚かれる読者も多いかもしれません。中核組織・弘道会と地元が同じトヨタグループの基となる豊田紡織の設立が一九一八年ですから、一九一五年に創設された山口組は日本を代表する企業とほぼ同じ歳月を有していることになります。

一世紀以上も山口組が存続してきたことには何かしら社会に根を張る存在理由があったということでしょうか。いわゆる「必要悪」という見方です。

しかし、令和の今、山口組をはじめとする暴力団は当局主導の下で近年のトレンドとなっている「暴排」の風潮では「不必要悪」として断罪され、一般社会との接点を失おうとしています。幕末からの沿革をもつ山口組系テキヤ組織が縁日から完全に排除される宣告を受けたことも象徴的なことでした。

先日、二〇〇三年の住吉会系と山口組弘道会系との抗争事件で、二〇年の懲役刑を受けた弘道会系組員が刑務所を出所。門前で出迎えた組長とその上部組織のナンバー2の前で思わず感極まって「男泣き」に泣いていたそうです。二〇代、三〇代という貴重な前半生を組織に捧げたヒットマンにとっては手厚く迎える組織があったのは僥倖といえるでしょうが、「ヤクザ的価値観」が内側から変質と空洞化を余儀なくされつつある現実にこれから馴染んでいくのは大変なことかと、余計なことながら心配になります。

近代ヤクザの典型とされ、「百年企業」でもある山口組もご多分にもれず存続の崖っぷちに立たされています。社会との接点を失いつつある巨大組織の来歴と現在を通覧することは、われわれ一般社会が「裏」の世界にこれまで何を投影し、いまその変質に何を読み込むべきか、という知的な関心にもつながるテーマかもしれません。日本人がわれわれ自身の内なる欲望と社会変動へと目を向ける「合わせ鏡」として、本書のささやかな探求がお役に立つことを願っています。

二〇二三年一一月

著者

【巻末資料】① 反社辞典

全国で暴力団排除条例が出揃ってから十余年、闇社会に関するあなたの基礎知識はいかほどか。筆者監修による、企業担当者必携の「反社会的勢力」辞典。（初出：『週刊新潮』二〇一四年一月一六日号。一部加筆、修正）

姐さん【あねさん・ねえさん】

組織トップの妻を指して組内で使われる用語。家長（組長、総長）の妻だから、子分からすれば「母さん」にあたるはずだが、そうは呼ばれない。蓄財に長けた姐のなかには、家督相続（代目継承）後も、その財力で後継者（跡目）に対して口を出す者もまれにいる。身内では「ねえさん」と称されることが多い。

ヤクザ史上、最も有名な「姐さん」は、三代目山口組田岡一雄組長の文子夫人。三代目亡き後、全国最大の広域組織となっていた山口組を田岡の霊代として差配したことから、兵庫県警に実質的組長である「三代目姐」として認定された。男系の縦社会である任侠の世界では空前絶後のことだったが、文子夫人の後継指名に反発する勢力が山口組を脱退。史上最大の「山一抗争」勃発の遠因となった。なお、東映ヤクザ映画では、岡田茉莉子、三田佳子、藤間紫ら、そうそうたる女優がこの女傑役を演じた。

＊使用例「奴は、あん姐《ねえ》のお気に入りだ」

稲川会【いながわかい】

傘下約三一〇〇人を擁する（二〇二一年末、警察調べ）東日本有数の広域組織。終戦後、熱海・湯河原一帯を地盤として、初代・稲川聖城会長が一代で築き上げた。昭和三〇年代には横浜に進出した山口組と一触即発の冷戦状態が続いたが、四〇年代後半にデタントを迎えて以降、関東組織では随一の親戚関係を維持、強化している。かつての本拠地からアタミと呼ばれ、五代目・清田次郎総裁、内堀和也会長体制の現在では、稲川会館の所在地からヨコハマ、あるいは清田総裁、内堀会長の出身団体の所在地からカワサキと呼ばれることが多いが、本部事務所は東京・六本木にある。

エダ【枝】

親分から直接、盃を下ろされた直系組長（直参）に対して、その傘下の三次、四次団体（の若衆）を、直系組織のエダと呼ぶ。やや侮蔑的な響きがあるため、使用する際は要注意。
＊使用例（掛け合いの際に）「エダのハッパ（葉っぱ）が口出しすんな」

会社【かいしゃ】
暴力団員、刑事とも、自らの所属組織をこう呼ぶ。
＊使用例「うちの会社では、薬はご法度だよ」

堅気【カタギ】
ヤクザから見た一般人。一昔前までは、堅気の旦那衆の人気があるか否かが、親分の器量をはかるバロメーターとされた。そのため下っ端はいざしらず、親分衆は堅気をことのほか大事にした。時代は変わって現在、山口組では組名の入った名刺を堅気に出すことを禁じているが、それは組の名を名乗ること自体が堅気への「威迫」にあたる恐れが強いためだ。暴排条例施行後は、業界誌（極道専門誌）に顔出しするのを嫌がる組関係者も少なくない。「堅気に顔が売れてナンボ」という〝古き良き〟時代は遠くなった。

関東連合【かんとうれんごう】

バブル崩壊以降、従来の暴走族から、他グループとの過激な対立抗争を主軸とした凶悪な暴力性で台頭してきた愚連隊集団の一つ。その後、解散したが、元構成員が横のネットワークを駆使し、ヤミ金融、振り込め詐欺、出会い系サイト、AVプロダクション経営、芸能人との人脈を生かしたクラブ経営、キャッチ（客引き）グループ、IT分野への投資などで経済力を獲得。その一部は暴力団と繁華街での覇権を争うまでに凶暴化。当局は「準暴力団」に位置付けている。近年は個人的に暴力団の後ろ盾を求め、〝ひも付き〟になる例も見られる。

貫目【かんめ】

組内での席次（座布団）の高低のこと。組織ナンバー2の地位を関西では若頭、関東では理事長（会長代行等の場合も）と呼ぶことが多い。縦社会の序列を示すが、当人の貫禄（器量）とは別。

＊使用例「（盃ごとで）貫目が釣り合わない」

キップ

逮捕状のこと。

＊使用例「キップが出そうでサムい（怖い）」

義理【義理がけ】

業界内の〝冠婚葬祭〟である盃儀式や組主催の法要に、「つきあい」で参列すること。体面を重視するヤクザ社会ではことのほか重きが置かれ、東日本大震災の当日に行われる予定だった式典の会場に、無理を押して出かけ不慮の死を遂げた親分もいる。祝儀、香典目当てで開かれるシノギと化した義理も後を絶たず、「先代の親戚の○○追善供養」などという名目の義理まで乱発された時期もある。現在では、法要などは一定の役職者以上の人のみに自粛されるようになった。

クロブタ（シロブタ）

喧嘩の手打ち（和解）式で使用される儀式用の陶器の蓋にちなむ。揉め事に蓋をする

（水に流す）際、黒い盞なら双方から中が見えないため、中身は問わない、という含みから、条件なしの手打ちという意味で使われる。反対に、「シロブタ」の白い盞は、関係者の処分など条件つきの手打ちを意味する。

ゲッカン【月間】

捜査当局が暴力団を集中的に取り締まる特別強化月間のこと。五〜六月、一〇月の年二回実施され、期間中に大物組長等を検挙すると実績としてカウントされる点数（ポイント）が倍になる。持ち場ごとにノルマがあり、ふだんから容疑を温めておき期間内で検挙する例も。代紋（看板）別では、山口組が他団体の倍、なかでも弘道会はさらに倍になるとの説もある。

後見【こうけん】

一般には、暴力団の継承式を経て新しく代目を継ぐ頭領（代紋頭）に対して、一家一門や親戚団体の重鎮が後ろ盾となるケースをいう。山口組では現在、司忍組長が稲川会（東京）、双愛会（千葉）、東声会（東京）、共政会（広島）などのトップを、髙山清司若頭が会津小鉄会（京都）、合田一家（山口）などのトップをそれぞれ後見し、お互いが親戚団体となっている。後見した団体の内政に干渉することはほぼないが、代目継承時の跡目争いを未然に防ぐよう「後見」の立場から隠然とした影響力をふるうことも。東映任侠映画で内田朝雄がよく演じていたのが、悪役の後見人。

弘道会【こうどうかい】

二〇〇五年に発足した六代目山口組で、司組長、髙山若頭のトップ、ナンバー2を送り出した最有力直系組織。トップ交代当時は、「山健組から弘道会への政権交代」と話題になった。傘下組員は六代目山口組全体（八一〇〇人）の二一％に及ぶとの数字（二〇一二年愛知県警調べ）もあり、それを信じるとすれば約一七〇〇〜一八〇〇人と、一団体で老舗独立組織の松葉会や極東会を凌ぐ勢力を誇る。激戦区だった中京地区で他団体としのぎを削ってきた歴史から、組織内の統制の厳格さ、警察当局への非協力ぶりには定評があり、当局から「弘道会の弱体化なくして山口組の弱体化なし」と集中砲火の対象となっている。厳しい統制の反面、組員へのシノギ（生計）の世話や服役者の家族に対する厚遇をはじめ、身内でのバーベキュー大会や海水浴、本部事務所にスポーツ施設を完備するなど、組織内の福利厚生は全国屈指といわれる。二〇一三年、三代目弘道会・竹内照明会長が誕生し、その後、執行部入り。山口組の将来を担う大型直参として業界の注目を集めている。なお、当局、業界の間では、ナゴヤと呼ばれる。

＊「ハナクマ」参照

盃【さかずき】

博徒、テキヤ組織を問わず、ヤクザ社会の中核をなす結縁の原理。縁を持って渡世入りする際の親子の盃から、頭領の代目が替わる際に結び直される親子・兄舎弟の盃、親戚団体の幹部組員同士が政治的に取り交わす兄弟盃など、さまざまな形態がある。刑務所内で意気投合した組員が代紋を超えて個人的に交わす盃は「呑み分け」と称して、口約束だけで行われることもある。とりわけ、頭領と直参がとり結ぶ親子・兄舎弟の盃は絶対視され、これに不服がある組員は盃を返上して堅気になるほかない。もっとも、借金を清算するなどして円満退社となった場合は、まれに組織間の移籍（転職）が認められるケースも。「六代目」から離反した「親」に従って「神戸」に加盟した組員には特例として、「六代目」への復縁が積極的に推奨されている。

直参【じきさん】

親分、子分、兄・舎弟という擬似血縁関係で結ばれた極道の世界では、親分と直接、子の盃を交わした者を直参（または若中＝わかなか）と呼ぶ。直系組長も同じ意。

仕事師【しごとし】

シノギのために組を偽装脱退して裏経済活動にいそしむ元組員のこと。金融ブローカー、FXなどの預託金詐欺、車上荒らしなどの犯罪は任俠を自称する極道界ではご法度だが、タテマエでは食べていけぬ今日日、むしろよい仕事師を抱えることが組織存続の死命を決することとあいなった。裏稼業で稼いだカネで、金融やクラブ経営など正業に進出する輩《やから》も数知れない。

シマ【縄張り】

博徒が常設の賭場（常盆）をもち、上客を集めることができる勢力圏のこと。ヤクザ気風の強い上州で昔、野天の桑畑で開かれていた博奕場の回りに桑の枝を縄で縛っておいて、手入れがあると縄を切って撃退したことに由来するという。たとえば、ある組織のシマ内にオープンした風俗店やパチンコ店の世話（ケツモチ）を、他の代紋を掲げる組織が始める場合、シマ持ちの組織への挨拶（料）が欠かせない。

関東一円に広大なシマを擁するのが老舗の住吉会だが、都内の要衝である銀座、新橋、築地、上野、六本木、渋谷などは元来、國粹会のシマとされ、他団体はなにがしかの対価を払って借りジマとしてきた。だが、六代目山口組が二〇〇五年、國粹会を傘下に招き入れたことで長年のパワーバランスが崩れ、二〇〇七年に首都圏を震撼させた「西麻布事件」に端を発する東京抗争が勃発した。

社内報【しゃないほう】

山口組が二〇一三年から季刊で発行している機関紙『山口組新報』。「組員以外の閲覧、複写を禁ずる」と取扱い注意とされた内容は、会社トップにあたる司六代目の所感から短歌・俳句の投稿欄、訃報欄まで幅広く、まさに「社内報」。

状【じょう】

所属組員への絶縁・破門・除籍などの処分を業界に通知するものから、縁組みなどの盃事、組が営む葬儀など冠婚葬祭の催しを通知するものなど多岐にわたる。有名なものに、四代目山口組が一和会を「不逞不逞」の輩と決めつけて業界に送った「義絶状」、「神戸」が「利己主義甚だしい」六代目に対し、歴代親分の意を遵守するため決起したと伝える「挨拶状」などがある。

親戚【しんせき】

業界内の平和的秩序を維持する目的で結ばれる組織同士の縁組みに基づく親睦団体のこと。平和外交路線を敷く山口組では指定暴力団二五団体のうち過半の団体と「親戚づきあい」をしており、親戚団体ではないものの住吉会とは盆暮れの挨拶以上の「つきあい」を深めている。親戚関係にある組織の下部組織の組員同士がマチガイ（流血のトラブル）を起こしても、上部団体の間でテーブルにつき即座に和解、収束できる相互安全保障が真の目的。ちなみに、盆暮れなどに親戚同士が相互の本家を訪問したり、食事会などを開催しているが、あくまでも親睦が目的なので、お互いの近況や健康状態、知人の消息などの世間話（ときに下ネタ）に終始しているとのこと。

スジ【筋】

ヤクザ社会で渡世していく上で重視される不変の掟（セオリー）のこと。明文化されているわけではないが、いったん親子の盃を交わしたら親に対してどれほど不服が生じても子分からは盃を返上できない（逆盃といって業界では親殺しにも匹敵する大罪とされる）とか、所属組織から絶縁処分を受けた元組員を他組織が拾うのは御法度とか、兄弟分でも「五分」の盃なら対等だが、たとえわずか「五厘下がり」の舎弟盃でも兄貴分を立てなくてはならないとか、細かい作法が山のように存在する。「六代目」の司組長は相手の「所作」「挙措」、髙山若頭は理非曲直の「スジ」をことのほか重んじるという。テキヤにも「バシタ（他人の女房、愛人）とるな」「垂れ込むな」などといった博徒にも通じる掟がある。

住吉会【すみよしかい】

傘下約三八〇〇人（二〇二二年末、警察調べ）を擁する、山口組に次ぐ巨大広域組織。明治初期、東京・芝浦一帯を縄張りとした住吉一家を源流とし、戦後、中興の祖・阿部重作によって同一家を中心に関東一円の博徒、テキヤを糾合した「港会」を前身として、「住吉連合」などへの改称を経て現在に至る。銀座にビルをもつ小林会出身の福田晴瞭《はれあき》会長時代に、西口茂男総裁と司組長の親交から山口組との関係改善が進み、いまでは盆暮れに代表者（小川修司会長）らが山口組に挨拶に訪れる仲に。住吉会随一の武闘派とされ〝台風の目〟と目されるのが、歌舞伎町をがっちり押さえている幸平一家・加藤英幸総長（住吉会特別相談役）の腹心である小坂聡総長代行（住吉会会長代行）と業界ではもっぱら。

セバンゴウ

警察当局が暴力団構成員や準構成員、反社（反社会的勢力）の一員と認定した者に付ける番号。警察内のデータベースに登録される内部情報ではあるが、ある日突然、銀行から理由なく会社への融資が停止された場合、セバンゴウを付けられた可能性が高い。

＊「密接交際者」参照

断指【だんし】

極道がケジメ（オトシマエ）をつける方法の一つ、エンコ（指）詰めのこと。断指にはコツがあって、小指の第一関節のやや上部で切断すれば、残りの皮膚で傷を覆ってちょうど関節部で縫合できるが、あやまって関節ぴったりで切断してしまうと、傷を塞ぐ都合で第二関節近くまで詰めることになり、一回分損をする。

チカカク【地下格闘技】

「K－1」や「PRIDE」に代わって台頭してきた実力本位の格闘技イベント。青少年の更生を名目に、元プロレスラーの前田日明《あきら》が、アングラ業界で名の知れた不良、元暴走族グループのメンバーらを出場させた「THE OUTSIDER」の興行成功を機に、全国で開催されるようになった。ステゴロ（素手での喧嘩）でグループ間の優劣を競う近年の不良グループが人的資源を供給しているとされ、一部では暴力団と対立しつつ、興行開催での連携も指摘されている。団体としては、強者《つわもの》（大阪、解散）など。

テキヤ

祭礼などで露店を営む露天商のことだが、親分子分に基づき、ニワ場（博徒の縄張りに相当する）を代々受け継いで露天商を束ねるテキヤ組織のことも指す。暴対法で一部の組織が指定暴力団に指定されたり、山口組などの巨大組織の傘下に入る団体が相次いだことから、暴力団と同一視されがちだが、もともとは食い詰めたドロップアウト層も分け隔てなく受け入れる零細商人の自助・結合組織に過ぎない。暴排の煽りで当局から暴力団との関係遮断を求められ、わずかでも接点を疑われた街商組合が地域の祭礼から締め出される例も続出している。

＊「ニワ」「暴排」参照

デコスケ

頬にキズがあるジェスチャーで極道者を示唆するように、組関係者が警察（刑事）のことを称する隠語。額（おでこ）に桜の代紋（警察のシンボルマークが桜の花に似ているのでこう呼ばれる）があるとみなして、デコとかデコスケと呼ぶ。指で額を差すジェスチャーもこれに同じ。

道具【どうぐ】

拳銃のこと。刑事物ドラマでは「チャカ」とか「ハジキ」と表現されているが、実際にはほとんど使用されていない。腹に隠すと冷えるので「冷たいもの」ともいう。

＊使用例（抗争の際に）「道具、用意しとけよ」

特殊知能暴力【とくしゅちのうぼうりょく】

いわゆる総会屋、エセ右翼、エセ同和など。暴力団の影響下で、その下請けとなっている人物や集団。近年では、暴力団の資金を証券市場などで運用するブローカーや金主まで含めることも。企業本社が所在する警察管区ごとに特暴協（特殊暴力防止対策協議会）が設置され、相談窓口となっている。

ニワ（場）

テキヤが祭礼、花火大会などの行事の際に露店の出店を仕切る勢力圏。博徒のシマに近い。地割りを通して露天商を差配するのがニワ主で、寺社の入り口、出口といった人通りの多い場所を自ら押さえ、綿菓子屋を出店させるツワモノも。原価がかからず確実に実入りがあるのが綿菓子屋だからだという（なお、綿菓子の袋にプリントされているキャラクターには、わずかだが版権料を支払っているそうだ）。露店商売の衰退に伴い、かつてのニワが薬物など違法取引の商圏に変質してしまった地域もある。博徒の縄張りに、テキヤがニワ場として露店を出しても、「稼業違い」とされて両者は共存してきたが、公営ギャンブルの警備利権をめぐってテキヤと博徒が衝突した例（映画『仁義なき戦い』のモデルになった「広島抗争」など）もあり、サーカスやプロレス興行など、どちらの持ち場なのか判別しにくいシノギもある。

近年、テキヤに代わり警察がニワを管理する例が急増中。

パー

警察手帳のこと。

＊使用例（警察官に対して）「ちゃんとパー持ってきてんのか？」

博徒【ばくと】

博奕の盆の上がりを生計にする極道（組織）が本来の意味。賭場を渡り歩く博奕打ちをさす場合も。競馬・競輪など賭博が国家の独占物となって以降、裏カジノなどをのぞき、いまでも常盆を持つのは関西の老舗組織だけとなった。

ハナクマ【花隈】

山口組で一、二を争う有力組織であった山健組を指す隠語。同組が本拠を構える神戸市・花隈《はなくま》地区の地名から。ちなみに、ハナクマ出身の渡辺芳則五代目時代は「山健組なくして山口組なし」とまで囃《はや》されたが、現在はナゴヤ（弘道会）がこれに代わっているといわれる。

＊使用例「ハナクマが出てきたら分が悪い」

破門【はもん】

素行不良組員への処分の一つ。当該者の名前と顔が掲載された業界内の回状（現在ではハガキ）に破門と書かれていて、それが黒字なら黒字破門（破門が解けると復帰の道もある）、赤字なら復帰の見込みのない赤字破門となる。なお、処分の軽い順に謹慎、除籍、破門、絶縁とあり、除籍は偽装脱退の際によく用いられる。一番軽い謹慎では、本部内にある「謹慎部屋」で丸一日から数週間、反省しなくてはならない。

半グレ【ハングレ】

堅気とヤクザの中間のグレーゾーンにあって常習的に暴力・犯罪行為を繰り返す集団のこと。暴走族にルーツをもつとされるが、暴力団との最大の違いは、「階層性」（盃による統制）を持たないこと。ぼったくりバーや特殊詐欺など特定のシノギ案件ごとに離合集散を繰り返すことから、俗に犯罪の〝専門商社〟と呼ばれることも（総合商社が暴力団の意）。不法行為で得た資金をもとに飲食店やクラブ経営、レジャー産業などに進出する商才を兼ね備えた者も。近年は、盛り場などで暴力団に替わってぼったくり請求やみかじめ料を徴収するなど、暴力的不法行為を繰り返す集団として、当局から「準暴力団」と規定される。暴力団の衰退と時を同じくして台頭したことは、GHQの規制により博徒の活動が停滞した戦後の混乱期に愚連隊が跋扈した歴史を思わせる。

＊「関東連合」参照

反社【ハンシャ】 ＊「反社会的勢力」の略称

暴力団、暴力団関係企業（フロント企業）、任俠系右翼、エセ同和、特殊知能暴力集団（特知暴）など、暴力・威力と詐欺的手法を駆使して不法に利益を獲得する集団（または個人）のこと。「準暴力団」に規定される半グレはもとより、「暴排」全盛の今では、暴力団と共生する者、その活動を助長、支援する市民や企業も一括して「ハンシャ」扱いを受け、社会的制裁を受ける例が頻出しているが、政府も「（反社を）定義することは困難」と閣議決定したほどで、何をもってハンシャとみなされるのかは、当局の胸三寸ともいえる。山口組の名刺の印刷を請け負った印刷業者が指導を受けた例も。

＊「セバンゴウ」「半グレ」参照

ファン雑誌

暴力団の動向を毎号、報道している実話系の週刊・月刊誌のこと。幹部人事やプロフィール、組関連イベントなどを微に入り細に入り詳報することから、「日本ではヤクザをアイドル扱いする雑誌まである」と米当局から奇異の目で見られている。

プラチナ

山口組直系組長のこと。山口組では、代紋バッジは、三次団体の組長から三役クラスで金バッジに鎖付き、直系組長（二次団体組長）となってプラチナとなり（原価は数万円相当とか）、直参のなかでも最高幹部である執行部となると、これに鎖が付く。通常、「鎖付き」といえば、執行部のメンバーを指す。

フロント（企業）

暴力団がなんらかの形で経営に関与する企業のことで、盃のない準構成員や形式的に組織を脱退した元組員を役員に送り込み、組織に資金提供を行うなど、ヤクザを経済活動の面で支える企業のこと。

かつては「企業舎弟」と呼ばれたが、バブル景気を背景に、表向きは暴力団と無関係を装いながらも、その実、息のかかった企業が、金融、土建、不動産、風俗、飲食業など表経済に浸透。暴力団の経済活動の先兵という意味からフロントと呼ばれるようになった。

休眠会社や匿名ファンドが投資に利用される例も。

弁当【べんとう】

執行猶予や仮釈放中に残された刑期を弁当という。その期間中に罪を犯すと、弁当持参で刑務所に戻らなくてはならない。

＊使用例「奴は弁当持ち（付き）だから、出頭は勘弁してください」

暴排【ぼうはい】

「暴対法」（暴力団対策法）が二〇〇八年に改正され、その後「暴排条例」が全国で施行されて以降、「反社」の被害を未然に防ぐとの名目で民間企業が「反社」と取引（資金提供など）しないよう、当局から経済界に要請。取引相手が「暴力団関係者でない」ことを誓う「暴排条項・約款」を全国の各業界団体が定めた。ヤクザは伝統的な正業分野だった金融、土建、不動産、解体・産廃業などからも排除されるようになった。

飲食業・風俗業などで店側が支払っていた月々の「守り代（みかじめ料）」や観葉植物のリース代などは組織への利益供与とみなされ、店の経営者も罰せられることになった。不動産業界では、取引相手が暴力団とわかった時点で契約は解除、売主が不動産を返還させたうえに、支払われた全額を没収できるという「モデル条項」も策定。組織関係者は公共事業から締め出され、新規の組事務所開設は実質的に不可能となった。

組員個人も、あらゆる民間業者の契約から締め出され、車両をローンで購入することも損害保険に加入することもできず、組員であることを隠してスーパーのポイントカードを作ったら逮捕される事案まで出ている。

「生活の場」からの排除は信仰にも及び、かつて山口組歴代組長の法要を受け入れた際、警察の中止要請に「慰霊したいという宗教上の心情を拒否できない」と応じなかった天台宗総本山の比叡山延暦寺（大津市）が山口組に対して、寺内で安置している歴代組長の位牌への参拝を拒否。暴排の圧力に押し切られた格好となった。

暴力団【ぼうりょくだん】

従来、博徒、テキヤ、愚連隊、ヤクザ、極道などと呼ばれていた社会集団を総称して、一九六四年に本格化した「第一次頂上作戦」前後から当局がこの呼称を使い、マスコミが普及させた、秀逸な官製用語。暴対法上では、前科者が一定の割合を占めることが要件となる。

ホンケ【本家】

組織の本部のこと。「本家姐さん」なら本家親分の姐さんを指す。

密接交際者【みっせつこうさいしゃ】

文字通り「暴力団員と密接な交際をしている者」の意。各自治体の公安委員会（実態は警察）に一度認定されると、公共事業への参加や公営住宅からの締め出しに始まり、銀行・証券・保険・不動産とあらゆる民間取引から排除される恐れがある。

近年では、暴力団組長と同行し、ゴルフ場を利用させた会社社長が詐欺罪（暴力団員の身分を隠してゴルフ場でプレーした）の共謀犯として逮捕、有罪判決を受ける例も。かつては暴力団のスポンサー（ダンベ）と呼ばれた密接交際者は、深刻な違法取引がなくても、最悪の場合、警察に逮捕される時代になった。

＊「セバンゴウ」参照

民暴【ミンボウ】

民事介入暴力のこと。倒産整理からヤミ金融、土地開発（地上げ）、会社乗っ取りまで、組織の威力を後ろ盾に民間の商取引に食い込み、不当な利益を獲得する行為やその勢力をいう。バブル景気の崩壊と「暴排」の徹底により、民暴需要は激減する一方で、ハンシャとの関係遮断を迫られた企業のコンプライアンス需要や特殊詐欺の被害者らの民事訴訟を一手に引き受け焼け太りしたのが、各弁護士会の民暴対策委員会に所属する「民暴弁護士」。たとえば、東京弁護士会では「暴力団員など反社会的勢力が関与して行われた特殊詐欺に対し」「事案に応じて、暴力団員やさらにその上位にいる組長、指定暴力団の代表者らに対し」被害者の損害回復に向け相談に乗るとしているが（HPより）、住吉会をやや例外として、暴力団が組織的に特殊詐欺に関与しているとの確たる統計はなく、組員が単にハンシャに利用される側であった場合でも、「とりっぱぐれ」がないとの事由で暴力団が「損害回復」を果たすための対象にされる例もままある。

元組員【もとくみいん】

警察では、ヤクザの組を離脱して五年未満の組員は「元組員」として、「構成員」に準じる扱いをしている。「偽装引退」の可能性が否定できない、という理由からだ。ヤクザをやめてもクレジットカードや携帯電話ももつことができず、まっとうな社会復帰の足を引っ張る事態となっている。離脱時に組織から「除籍」処分の状（通知）を出してもらい、所轄に「引退届」を提出してようやく正式に離脱できても、社会が「はいそうですか」と認めることはない。

レンガ

一〇〇〇万円を指す隠語。交渉ごとで「レンガ何本」などと使う。簡略化して「一本」などもよく使用されるが、一〇〇万円も「一本」と言われるため、あとで額をめぐって揉め事に発展することもまれにある。

若頭【わかがしら】＊関西では「若い者頭」とも

親分と直接、親子の盃を交わした直参（直系組長）のうち、「長男」にあたる地位にあるのが若頭だ。総領息子であるから、一家内の切り盛りはもちろん、対外的な交渉ごとでも、その司令塔として責務を負う。組織ナンバー2であり、政界でいえば官房長官と党幹事長を兼ねる要職である。長男を補佐する兄弟にあたる一家内のエリート集団が若頭補佐で、会社の重役クラスに相当する。

こうした重責からか、親から跡目を受ける最有力候補者でありながら、山口組では何代にもわたり、若頭が事故死（梶原清晴）、病死（地道行雄、山本健一）、暗殺（中山勝正、宅見勝）、長期の実刑（高山清司）などの災厄に見舞われたため、「呪われたポスト」と囁かれている。ちなみに現在の高山若頭の右目の負傷は少年刑務所時代の喧嘩が元とのこと。なお、若頭の一番大切な仕事は「喧嘩（抗争）の指揮ではなく、喧嘩を終わらせること」のようで、分裂した山口組を一本化するのが高山若頭の最後の務めとなりそうだ。

【巻末資料】② 高倉健と山口組秘史

映画に対するストイックな姿勢、ベールに包まれた私生活。多くの「伝説」を残して二〇一四年に他界した俳優・高倉健と、日本最大の暴力団・山口組には浅からぬ縁があった。数々の「秘話」をもとに描く、新たな「高倉健伝」。（初出：『週刊新潮』二〇一五年五月二一日号。一部修正）

八三年の生涯を「国民的映画俳優」として演じ切った高倉健（本名・小田剛一）が逝って半年が経つ。来る六月にも『八甲田山』『海峡』のロケでゆかりのある青森の県立美術館で異例の特集上映が予定されるなど、いまだその人気が衰えることはない。

死去直後には、長嶋茂雄をはじめ各界からその死を悼む悼辞がよせられたのは記憶に新しい。だが、国民的スターへの哀悼の想いを胸に、その心中を表明する場を与えられなかった人たちもいる。

裏社会の住人たちである。なかでも、実在のモデルに取材したヤクザ映画を量産した東映の看板スターだった高倉と、日本最大の暴力団組織・山口組の縁は浅からぬものがあった。

当時を知る芸能関係者が解説する。

「東映入社後、しばらく芽が出なかった高倉健は、時代劇などで人気絶頂の美空ひばりらの相手役を務めることも多かった。ひばりの後見役が、山口組中興の祖・田岡一雄三代目だったのは周知の事実です。当時、田岡氏は日本有数の芸能プロ『神戸芸能社』を率い、ひばり以外にも鶴田浩二、清川虹子、ディック・ミネ、若山富三郎、伴淳三郎ら名だたるタレントと公私にわたる関係を築いていた」

ひばりと大の仲良しだった江利チエミと高倉健は一九五九年に結婚。婚礼の宴には田岡氏も参列した。後年、田岡氏の令息である故・田岡満氏の結婚式には、寺島純子、梅宮辰夫らに混じって高倉の姿もあった。ヤクザと芸能人の垣根が今からは想像もできないほど低かった時代である。

田岡三代目と高倉の宿縁については後述するが、もう一人、高倉健と終生にわたる厚情を交わした元親分がいる。

泣く子も黙る山口組の組織中枢メンバーである「舎弟頭補佐」として執行部の一翼を担い、六代目体制では、重鎮である「顧問」として活躍。二〇一二年に引退した大石誉《たか》夫《お》氏である。

愛媛・新居浜から岡山に進出した大石氏は地元組織との抗争を経て地盤を確立。山口組直参として大石組を旗揚げし、長らく西日本の要衝で、他団体に睨みを利かせてきた。武闘派の一面、経済界から芸能界にいたる幅広い人脈を築き上げ、「経済の大石」としてその名を知られた元大物親分だ。

一線から身を引き、取材当時は都内で余生を過ごしていた大石氏こそ、田岡三代目亡き後もその衣鉢を継ぎ、高倉健との契りを交わしつづけた人物である（二〇一七年に八四歳で他界）。

インタビューに答えた大石氏は言葉を慎重に選びながら、こう切り出した。

「元ヤクザ者の私が健さんとの関係を明かすことには少なからず躊躇があったことは確かです。まして、二〇一三年に文化勲章を受章して以降は私との交友歴が足を引っ張るのではないかと、なおさら神経を尖らせてきたものです。ですが、（没後半年を経て）総理大臣であれヤクザであれ、つきあう相手を肩書きで差別することがなかった健さんの人間性の一端を知ってもらえるなら私の証言も無駄ではないのではないかと、思いなおしたんです」

二人の交友は、東京オリンピック前年の一九六三年に遡る。翌年の大石組創設を控え昇竜の勢いにあった大石氏の新居祝いに、まだ任俠スターとして売り出す前の高倉がひょっこり顔を出したのだ。

大石氏が述懐する。

「田岡親分の後を追うように興行に手を広げていた私に挨拶するように、興行関係者、もしくは田岡親分本人から勧めがあったのかもしれませんね。二歳違いと年齢も近く、あけっぴろげで物怖じしない健さんに、立場を超えていっぺんに魅せられました」

一方の高倉も、大石氏の本拠・岡山周辺に撮影などの用がある度に訪ねてくるようになり、頻繁に親交を重ねることになった。

「健さんが宿泊するロケ地のホテルをその地の（山口組系）親分を通じて手配することもあった。あるとき、（愛媛県今治での）ロケが終わってホテルの自室に帰った健さんの部屋から悲鳴が聞こえてくるんです。それも〝助けてくれ！　出してくれ！〟って哀願するような声で、部屋の戸をドンドン叩いてね。いつもタレントにするように女性を部屋にあてがっただけなんですが、潔癖な健さんはまったく受け付けないんです」（大石氏）

江利チエミと高倉健の揺るぎない夫婦愛をうかがわせる逸話ではあるまいか。

【巻末資料】②

スター然としたそぶりをみせない高倉と親分ぶらない大石氏は、ことのほかウマが合ったという。

当時、映画のオールナイト興行にスターが足を運び、舞台に花を添えることがあった。高倉健も大石氏の地元の映画館の舞台に立ち、挨拶をすませたのだが……。

「せっかく生バンドの準備も揃っていたので、健さんに一曲披露してよと頼んだら、人前で歌を唱うことを極度に毛嫌いしていた健さんが『網走番外地』を唱ってくれました。それも1番を唱い終わったあと、まちがえてまた1番の歌詞を唱い始めた。歌の途中で気づいて、律儀にまた最初からやり直し。お客さんは大喝采でしたな」

高倉健が初めてテレビコマーシャルに出たと話題を呼んだアサヒビールの出演交渉にも、大石氏の助力があった。

東映のワンマン社長として名を馳せた大川博からの度重なる出演依頼にも、テレビ嫌いの高倉は首を縦にふらなかった。そこで、大川社長は懇意の大石氏に出演要請の仲介を依頼する。大石氏の意を尽くした説得に折れた高倉は、しぶしぶ出演を受け入れる。

「そのすぐあとに務め（服役）にいくことになった若い衆のために、健さんはギャラの一部を私の方に差し出した。映画出演での正当な報酬ではないとの想いからだったのか。これには私の方が面食らってさすがに遠慮しましたわ」（同）

筋目を守り自らを律する高倉健の厳しさは、任俠界の重鎮を驚かせるに十分だったのだ。

高倉は、礼節だけでなく信仰にも厚いことで知られ、比叡山延暦寺との関係はつとに有名である。

だが、大石氏によると、出世作となった『網走番外地』のヒット祈願のために長野・善光寺に参拝して以来、高倉はゆかりの知人に、折に触れ、そのお札《ふだ》を送ることを習慣としていたという。

「毎年お札を送る十数人の郵送リストがあるんです。その返礼として、私の信心する香川・金刀比羅宮《ことひらぐう》のお札を健さんに送っていました」（同）

もとより、芸能界は地方興行を通してヤクザと切っても切れない関係にあった時代で、高倉のみが山口組と浅からぬ縁をもったわけではない。

「芸能人の多くは、組織の庇護や個人的な後援といった実利的な理由から、親分衆とつ

きあうことが多かった」（前出の芸能関係者）

人気稼業ゆえの苦労を、高倉とファンを二分した菅原文太も味わっていた。

東映実録映画全盛の頃の目撃談を、元神戸芸能社関係者が明かす。

「神戸ポートピアの高級ホテルでのことです。東映実録映画の看板スターとなっていた菅原さんに酒席を共にさせようと、たまたまホテルの上階と下階に宿泊した山口組の大物幹部同士が取り合いになった。その幹部二人は山口組の若頭を争うほどのライバル関係にあり、ふだんから仲がよくなかった。〝お前はあっちに挨拶せんでええ〟と双方からスゴまれ窮地に陥った菅原さんは、〝田岡親分の倅さん（前出の満氏）の用事があるもので……〟と言って、急場を凌いだんです」

他の俳優も大同小異、力のある極道者とのつきあいをおろそかにしなかった時代である。だが、当時、高倉だけはヤクザとのつきあいに一線を画していた。

再び大石氏が口を開く。

「ことあるごとに〝他の暴力団（員）を紹介しないでくださいよ〟と言うんです。実利を求めず、精神的なつながりを重んじる健さんの姿勢は、並みいるタレントのなかでは極めてストイックでした」

任侠の徒以上に筋目を重んじる高倉に、現職の方が唸らされることも一再ではなかった。

「健さんにもかわいがってもらった私の長男が客死した後のこと。私の不在中、東京から一人で車を走らせて突然、岡山の自宅を訪れた健さんは、特別に誂えさせた純金のお鈴《りん》を仏壇に供えて、長男のために焼香してくれたそうです。部屋住みがあっけにとられている間に、ものの一〇分たらずで元来た道を帰ってしまった。あとで見ると、お鈴の裏に私の家紋が刻まれていたんですよ」（同）

所用で自宅を留守にしていた大石氏が部屋住みの急報を受け、電話で、

「なぜ連絡をくれなかった」

と問いただすと、

「健さんは、〝親分に会いに行ったんじゃない、自分の思いを届けたかっただけ〟と」（同）

二〇一一年に起きた「東日本大震災」の発生直後にも、安否を心配した高倉は、携帯用避難用具一式が詰まったリュックを抱えて大石氏の都内の自宅をひょっこり訪ねた。

「堅気で男が惚れる男として、健さん以上の人はおりませんな」

【巻末資料】②

元山口組最高幹部にそうまで言わしめる高倉と山口組の奇縁の原点は、大石氏の親分にあたる田岡三代目と高倉の出会いに端を発する。

生涯の恩義

いまでは往時を知る関係者もほぼ全員が鬼籍に入《い》ったなか、二人の邂逅を知る貴重な証言者が実在する。田岡氏と血を分けた親族だが、暴排時代ゆえ仮にM氏としよう。

「父が健さんと知り合ったのは、ひばりさんと仲のよかった江利チエミさんを通じてだったと思います。後から聞いた話ですが、チエミさんとつきあいだした頃の健さんはまだヒット作に恵まれず、鳴かず飛ばずの時期でした」

高倉の所属する東映の岡田茂（京都撮影所所長、のち東映会長）と田岡氏はひばりの映画出演を通じて肝胆相照らす仲だった。

M氏が続ける。

「チエミさんに恋人の健さんを紹介された父は〝大部屋にいたら一生、大部屋だ。スター、主役にしたらなあかん〟と思ったのでしょう。岡田さんに声をかけ、高倉さんの売り出しに一役買い、それが出世作となる『日本俠客伝』（一九六四年）製作へとつながったと聞いています」

もとより東映本社の社史には記載のない秘話である。

M氏の証言はさらに続く。

「それがきっかけで、健さんは父としょっちゅう会うようになったそうです。極道の着物の着方、ドスの持ち方から、日常の所作まで、父から実地で学ぼうと。健さんが（田岡邸のある）神戸にいらっしゃることも多かったし、父もたまに東映（京都撮影所）に行っていました。父が六五年に入院したときも、健さんはよく病室に見舞いに訪ねてこられました」

とすれば、任俠映画の立役者・高倉健の生みの親の一人が田岡氏だったことになる。筋目を重んじる高倉がそのことを生涯の恩義と感じたとしても不思議はない。田岡氏の半生をモデルにした実録任俠映画『山口組三代目』が七三年、高倉主演で製作され、空前の大ヒットを記録するが、撮影に臨んでの意気込みを、高倉ははしなくもこう明かしていた。

「作品の人物にホレこむという映画は、ひさしぶりですから」

田岡氏への「離婚報告」

前出の神戸芸能社関係者が明かす。

「山口組本部からも遠くない神戸の湊川神社で、健さんと（後の田岡夫人役の）松尾嘉代が若き日に将来を誓い合う重要なシーンの撮影に臨んだときのことです。健さんは撮影が終わるとその足で本家の田岡三代目を訪ね、付き人も遠ざけ親分の部屋で二人きりで、三〇分ほどでしたが、お互いをねぎらいあったんです」

役者として、あるいはひとりの男としての転機に、高倉は田岡三代目との面会を求めていたフシがある。

M氏も頷いて言う。

「チエミさんと離婚したとき、健さんはいきなりいらっしゃって、玄関の前に立って敷居をまたごうとしないんです。父が玄関まで迎えて、〝どうした、あがれ〟って言っても、〝いや、あの、今日はこの敷居が高いです〟と。事情を聞くと〝（チエミと）離婚することになりました。すみません〟と、最後まで軒先から上がらず帰ってしまった」

常人からは窺い知れぬ絆で結ばれた〝師弟関係〟は、田岡三代目が没した後も、変わることがなかったようだ。

「八一年に父が他界したとき、盛大に営まれた葬儀に健さんの姿はなかったんですが、その数日後、〝高倉です〟と電話が入った。近くの公衆電話からでした。単身、本家の門をくぐった健さんは持参した線香を手に父の仏壇に向き合い、位牌に焼香したんです。その後も、命日に健さんから欠かさず線香が届きました」（M氏）

M氏と高倉の交友もまた、高倉の死の直前まで続いた。

「（健さんとは）よく会う時期と手紙のやりとりだけのときも。その手紙に、『自分にとって役者とはなんだろうと悩んで、壁にぶつかっています。でも（田岡）親分から教えてもらった、人とは何か、男とは……、ということを考えていけば、ふと同じところにたどり着くんじゃないか……』と、そんなふうに書いてあるんです」（同）

そして、昭和映画史の秘められた内幕についての証言をこう締めくくった。

「健さんは後年、私に〝極道の世界をまったく知らない頃に、全部親分に教えてもらった〟と言いましたが、玄関で敷居をまたがなかった態度も含めて、（住む世界は違っても）健さんは父から、人として男としての生き方、矜持を学んだのではないかと思うんです」

虎は死して皮を留め、人は死して名を残す。

不世出の任俠映画スター高倉健は、裏社会のドンとして君臨した田岡氏が精魂を込めた形見、だったのかもしれない。

【主要参考文献】（順不同）

猪野健治『山口組概論』（ちくま新書、二〇〇八年）
溝口敦『暴力団』（新潮新書、二〇一一年）
正延哲士『昭和の侠客　鬼頭良之助と山口組二代目』（ちくま文庫、二〇〇二年）
ＮＨＫスペシャル取材班『半グレ　反社会勢力の実像』（新潮新書、二〇二〇年）
兵庫県警察本部編『広域暴力団山口組壊滅史』（非売品、一九六八年）
ＹｏｕＴｕｂｅ『山之内幸夫チャンネル』
『週刊新潮』『週刊現代』など週刊誌各誌

山川光彦　フリーランスライター。
『週刊新潮』で連載した「異端のマネジメント研究　山口組ナンバー２『髙山清司』若頭の組織運営術」が話題に。本書が初の単著。

Ⓢ新潮新書
1022

令和《れいわ》の山口組《やまぐちぐみ》

著　者　山川光彦《やまかわみつひこ》

2023年12月20日　発行

発行者　佐　藤　隆　信
発行所　株式会社 新潮社
〒162-8711　東京都新宿区矢来町71番地
編集部（03）3266-5430　読者係（03）3266-5111
https://www.shinchosha.co.jp
装幀　新潮社装幀室

印刷所　株式会社光邦
製本所　株式会社大進堂

ISBN978-4-10-611022-1　C0236

価格はカバーに表示してあります。